잔치로의 초대

청교도 말씀학교 초신자 성경 공부

잔치로의 초대

설교 **전광훈**

구성 · 편집 **류금주**

NEWPURITAN PUBLISHING

전도 대상자의 열린 문을 찾읍시다

담임 목회자를 위한 여는 말

1. '집에 있는 교회'를 회복합시다.

교회의 생일은 오순절 성령강림 사건입니다. 성경에 보면, 성령 세례를 받은 이들은 다 '집에 있는 교회'에 모였습니다. 집에서 모여 예배하고, 교제하고, 전도하고, '집에 있는 교회'에서 모든 일이 일어났습니다.

초대교회의 핍박이 끝나고 로마제국의 교회가 된 이후 교회는 건물을 갖기 시작했습니다. 지금까지 교회는 건물에 갇혔습니다. 예배도, 교제도, 전도도 건물을 중심으로 이루어지다 보니, 예전 '집에 있는 교회'가 가졌던 생명력이 사라졌습니다. 생동감을 잃었습니다.

이 '집에 있는 교회'를 하나님이 다시 회복하셨습니다. 중국 지하교회가 바로 그것입니다. 1949년 중공 수립 이후 1979년 문화혁명이 종식되기까지 30년 동안, 하나님은 '집에 있는 교회'를 다시 회복하셨습니다. 중국 공산당이 하나님의 막대기가 되었습니다. 겨우 70만 명에 불과했던 중국 교회는 공산주의 국가가 수립되자 공산당의 박해가 두려워 다 떠나가고 30만 명밖에 남지 않았습니다. 사람들은 중공에 더 이상 지상교회, 건물교회는 없다고 입을 모았습니다.

그러나 놀라운 일이 벌어졌습니다. 중국에 기독교가 전해진지 거의 140년에 이르는 동안 겨우 70만 명, 그나마 공산정권의 수립으로 다 떠나가고 겨우 30만 명에 불과했던 중국 성도들의 숫자가 극심한 공산정권의 핍박 아래에서 오히려 7,000만 명으로 폭발적으로 성장한 것입니다. 모든 지상교회가 없어지면서 비밀리에 가정교회 즉 '집에 있는 교회'로 모이면서 이런 놀라운 성장이 일어났습니다.

예수님의 재림이 얼마 남지 않은 이때 하나님은 '집에 있는 교회'를 다시 회복하셨습니다. '집에 있는 교회'를 통해서 불신자들을 전도하고, 세포가 분열하듯이 '집에 있는 교회'가 계속 분립해 나가 전도의 물결이 땅끝까지 이르기를 또한 바라고 계십니다. 주님의 재림을 사모하는 우리는 주께서 주신 최고의 명령, 성령의 권능을 받고 땅끝까지 이르러 내 증인이 되라는 주님의 말씀을 '집에 있는 교회'를 통해 실천해야 합니다.

2. 우리 집에 불신자를 초대해서 복음을 전합시다.

주님께서는 당신의 몸 된 교회를 귀중히 여기십니다. 내 집을 주님께 교회로 내어드리는 일만큼 복된 일은 다시 없습니다. 주님의 명령 따라 우리 집을 주님께 내어드립시다. 우리 집에 불신자를 초대해서 복음을 전합시다.

'집에 있는 교회'는 교회와 세상이 만나는 최전선입니다. 불신자와 신자가 만나는 최전선입니다. 건물 안에 갇힌 교회와는 달리 불신자를 자기 집에 초대하여 바로 복음을 전하는 역사의 생생한 현장입니다.

우리 모두 내 집을 주님께 교회로 내어드립시다. 내 주변 사람부터 초대합시다. 가족, 친지, 사회 동료, 이웃 중 믿지 않는 분들을 집으로 초대하여 주님을 만나게 합시다. 내 집에서 모이는 교회가 20명 이상으로 늘어나면 교회를 분립하고 분립하고 계속 분립하여 복음을 확장합시다.

3. 불신자에게로 들어갈 열린 문을 찾읍시다.

불신자에게 어떻게 복음을 전할까요? 불신자에게 들어갈 수 있는 열린 문을 찾아야 합니다. 이 열린 문은 다름 아닌 불신자가 안고 있는 문젯거리입니다.

구약성경에 아람 장군 나아만 이야기가 나옵니다. 그는 아람의 위대한 장군이었지만 문둥병이라는 흉측한 병을 화려한 장군복 속에 감추고 살았습니다. 그런데 그가 이스라엘에서 잡아온 전쟁포로 식모가 있었습니다. 이 계집아이는 자기 안에 있는 복음을 터트려 나아만을 전도했습니다. 나아만 장군의 문둥병은 그에게 복음이 들어가는 열린 문이었습니다. 계집아이는 주저하지 않았습니다. 이스라엘에 있는 엘리사 선지자를 만나기만 하면 장군의 병을 고칠 수 있다고 말했습니다. 식모였지만 용감하게 자기 집주인 장군에게 복음을 전했습니다.

여러분이 '집에 있는 교회'로 초대한 불신자들도 저마다 문제를 안고 있습니다. 그 문제가 바로 그 사람을 복음으로 인도하는 열린 문입니다. 안고 있는 문제는 사람마다 다릅니다. 그 열린 문을 찾으십시오. 그리고 그 열린 문을 통하여 예수를 전하십시오.

4. 잔치로의 초대

천국은 잔치입니다. 간절한 기도로 준비한 후, 천국 잔치를 베풀어 내 주변에 있는 불신자를 초대합시다.

첫째, 초대장을 보냅니다. "우리 집 식사 모임에 ○○○ 님을 초대합니다.”

둘째, 잔칫상을 준비합니다.

셋째, 잔치에 초대받아 온 대상자의 열린 문을 찾습니다. 그가 가진 문제가 바로 그 사람에게 복음이 들어가는 열린 문입니다. 문젯거리를 대상자별로 따로따로 기록합니다.

넷째, 다음에 만날 약속을 정합니다.

다섯째, 선물을 줍니다. 선물은 미리 사놓습니다.

5. 함께 나눌 이야기들

모든 준비가 되었나요? 이제 ‘집에 있는 교회’에 초대한 불신자들, 그리고 믿음이 연약한 형제자매들에게 복음을 전합시다.

다음 일곱 가지 제목들을 한 주에 한 번씩, 일곱 주 동안 나누어 전도 대상자들과 함께 공부합시다.

1. 복된 만남
2. 살아계신 하나님
3. 예수 그리스도는 누구신가
4. 이성의 불완전
5. 인간이란 무엇인가
6. 죄란 무엇인가

7. 사람 속에는 무엇이 살고 있는가

천국으로 향하는 구원 열차에 우리 집에 있는 교회에 초대한 사람들이 다 올라타도록 잘 인도합시다. 주의 성령께서 지도자 여러분을 도와주십니다. 할렐루야!

한 번도 생각해 본 적이 없는 아주 중요한 이야기

전도 대상자를 위한 여는 말

이 땅에 사는 많은 사람은 참 바쁘게 살아갑니다. 그날그날 닥치는 문제들을 해결하느라 허덕이며 살다 보면 어느덧 죽음이 성큼 눈앞에 다가옵니다. 허망합니다. 평생을 애 끓이며 쌓아왔던 모든 것을 다 두고 가야 합니다. 그런데 죽음으로 모든 게 끝나고 마나요? 우리 육체는 흙으로 돌아갑니다. 그러면 우리 영혼은 어디로 가는 것일까요?

이런 중대한 문제들을 한 번 깊이 생각하지도 못하도록 온통 바쁘게 끌려다니는 것이 우리 인생입니다.

1. 나는 왜 태어났나?
2. 나는 무엇을 위해 살아가나?
3. 나는 죽어서 어디로 가나?

참으로 중요한 질문입니다. 이런 질문을 해보신 적 있으십니까? 수많은 철학자가 이 세 가지 질문을 지금껏 해왔습니다. 허무하게도 질문만 했지, 해답을 제시하지 못했습니다.

죽음이 성큼 우리 눈앞에 다가서기 전에 지금 발걸음을 멈추고 한 번 이 중대한 문제에 도전해 봅시다. 생각해 봅시다. 내가 이 세상에 왜 태어났는지, 무엇을 위해 살아가는지, 죽어서 어디로 가는지. 이 문제를 밝히 말씀하고 있는 하나님의 말씀 성경에 귀를 기울여 봅시다.

앞으로 7주 동안, 한 주에 한 주제씩, 담임 목회자와 함께 공부해 봅시다.

1. 복된 만남
2. 살아계신 하나님
3. 예수 그리스도는 누구신가
4. 이성의 불완전
5. 인간이란 무엇인가
6. 죄란 무엇인가
7. 사람 속에는 무엇이 살고 있는가

더 이상 의미 없이, 허무하게, 방향 없이 사는 인생이 되지 맙시다. 왜 태어났는지, 무엇을 위해 사는지, 죽어서 어디로 가는지 분명히 알고 삽시다. 최후 승리의 소망으로 꽉 채워진 값진 인생을 살아갑시다. 할렐루야!

차례

제2과

살아계신 하나님

제3과

예수 그리스도는 누구신가

제4과

이성의 불완전

제5과

인간이란 무엇인가

제6과

죄란 무엇인가

제7과

사람 속에는 무엇이 살고 있는가

제1과

복된 만남

| 학습 목표 |

예수와의 만남이 인생 최고의 만남입니다. 바로 오늘 예수를 만납시다.

인생은 만남의 연속입니다. 부모님과의 만남, 형제자매와의 만남, 친구와의 만남, 선생님과의 만남, 배우자와의 만남, 사회 동료와의 만남 등등 인생은 만남에서 시작하여 만남으로 끝납니다. 지금 나의 모습은 지금까지 만남의 결과입니다.

우리의 모든 만남은 우연이 아닙니다. 모든 만남에는 하나님의 손길이 작용하고 있습니다. 만남의 축복을 받도록 하나님께 기도해야 합니다.

인생 최고의 만남이 있습니다. 예수와의 만남입니다. 예수를 만나면 그동안의 작은 만남에서 받은 모든 아쉬움과 상처를 한

꺼번에 날려버릴 수 있습니다. 인생 최고의 복된 만남 예수, 예수를 오늘 만납시다.

| 함께 읽는 성경 말씀 |

이사야 55장 6~7절

6 너희는 여호와를 만날 만한 때에 찾으라 가까이 계실 때에 그를 부르라

7 악인은 그 길을, 불의한 자는 그 생각을 버리고 여호와께로 돌아오라 그리하면 그가 긍휼히 여기시리라 우리 하나님께로 나아오라 그가 널리 용서하시리라

| 마음을 여는 찬송 |

찬송가 405장 <나 같은 죄인>

1. 나 같은 죄인 살리신 주 은혜 놀라와
잃었던 생명 찾았고 광명을 얻었네

2. 큰 죄악에서 건지신 주 은혜 고마와
나 처음 믿은 그 시간 귀하고 귀하다

3. 이제껏 내가 산 것도 주님의 은혜라
또 나를 장차 본향에 인도해 주시리

4. 거기서 우리 영원히 주님의 은혜로
해처럼 밝게 살면서 주 찬양하리라 아멘

| 귀 쫑긋하고 듣는 성경 말씀 |

1. 인생은 만남의 연속입니다.

인생은 만남에서 시작됩니다. 세상에 처음 나오던 날 부모님 얼굴이 "까꿍~" 하고 우리를 반겨주셨지요. 그뿐인가요. 한 부모님 아래 태어난 형제도 자매도 가정에서 만났습니다.

조금 더 크면 친구를 만나게 됩니다. 친구와의 만남은 아주 중요합니다. 특히 중학교 3학년부터 고등학교 3학년까지 친구는 참으로 강렬한 영향을 미칩니다. 그래서 이 시기에 친구를 잘 만나는 것이 얼마나 중요한지 모릅니다. 부모님 여러분, 이 시기에 자녀가 어떤 친구를 사귀는지 잘 살피시기를 바랍니다. 선생님 또한 그렇습니다. 중3부터 고3까지 선생님은 얼마나 많은 영향을 미치는지 모릅니다.

공부를 마치고 사회에 나가면 직장동료를 만나게 됩니다. 그러다가 인생 일대의 만남인 배우자를 만나게 되지요. 배우자를 잘 만나면 단물이 인생 끝까지 갑니다. 잘못 만나면 인생이 괴롭기 그지없습니다.

배우자와의 만남에 대해서 애석해하는 사람들이 의외로 많이 있습니다. 여러분은 어떠신가요? 이미 결혼하신 분들은 하는 수 없지만, 아직 결혼 안 하신 분들에게 조언합니다. 결혼해서 내내 흘릴 눈물을 결혼하기 전에 딱 한 달만 미리 눈물 흘리며 기도하시기를 바랍니다. “이 사람이 정말 하나님이 허락하신 제 배우자인가요?” 기도하시면서 신중하게 배우자를 선택하시길 바랍니다.

모든 만남에는 축복과 감사가 있습니다. 동시에 아쉬움과 상처도 있습니다. 부모님, 형제자매, 친구, 선생님, 직장동료, 배우자까지도, 모든 만남에는 다 축복과 같은 좋은 감사만 있거나 아쉬움과 같은 싫은 상처만 있거나 하지 않습니다.

여러분은 그동안의 만남에서 어떤 사람이었나요? 좋은 부모였나요? 좋은 자식이었나요? 좋은 형제자매, 직장동료였나요? 좋은 배우자인가요? 나를 만난 사람이 “아, 참 오늘 잘 만났다!” 말할 수 있는 그런 사람이 되시기를 축복합니다.

만남은 얼마나 중요한 것인지 모릅니다. 오늘 나의 어떠함은 그동안 나의 만남의 어떠함입니다. 미래의 나의 어떠함은 앞으로 나의 만남의 어떠함입니다. 이토록 중요한 만남의 축복을 위해 우리는 하나님께 기도해야 합니다.

2. 모든 만남은 하나님의 손길입니다.

가만 생각해 봅시다. 이 모든 만남이 과연 내가 선택한 것일까요? 부모님을 선택해서 태어나는 사람이 있을까요? 한 사람도 없습니다. 형제자매는요? 형제자매 역시 내가 선택한 것이 아니지요. 친구는 내가 선택했을까요? 아닙니다. 그날 그 시간에 나와 같은 학교, 같은 반으로, 내 옆자리에 친구가 와 있었지요. 선생님도, 직장동료도 마찬가지입니다. 배우자는 어떨까요? 학교를 졸업하고 회사에 갔더니 그가, 그녀가, 떡~하니 미리 와서 일하고 있었던 것입니다.

내가 선택한 것처럼 보이지만 내가 선택한 만남은 없습니다. 나의 만남을 이끌어 간 보이지 않는 어떤 손길이 있었지요. 동양에서는 이를 운명 또는 숙명이라고 부릅니다. 운명이나 숙명이란 나로서는 어찌할 수 없이 내 의지와 관계없이 우연히 그렇게 됐다고 말하는 것입니다.

그러나 성경은 우리의 만남을 이끈 손길이 있다고 적극적으로 말합니다. 우연히 그렇게 된 것이 아니라는 것이지요. 하나님이 계셔서 우리를 그런 만남의 길로 인도하셨다고 말합니다. 우리가 겪은 모든 만남에는 다 하나님의 손길이 작용했다고 성경은 말씀합니다.

3. 인생 최고의 만남인 예수를 오늘 만납시다.

여기서 잠깐, 인생 최고의 복된 만남을 소개합니다. 바로 예수를 만나는 것입니다. 예수를 만나면 이제까지 적은 만남에서 받은 상처와 아쉬움을 한 방에 다 날려버릴 수 있습니다. 더 나아가 그 상처와 아쉬움이 복으로 바뀌는 것을 경험하게 됩니다.

이것은 마치 길을 가다가 천 원을 잃어버린 사람과 같습니다. 자기도 모르는 사이에 주머니에서 흘린 천 원 때문에 몹시 애석해하며 잠까지 설칩니다. 그러나 다음 날 길에서 10억을 주웠습니다. 10억을 줍고 나면 전날 잃어버린 천 원은 생각도 안 납니다. 10억이나 되는 돈을 줍고도 천 원 때문에 가슴 치며 잠도 못 자고 안타까워할 사람은 없습니다.

예수와의 만남, 그 복은 얼마나 큰지 이런 비유로는 설명할 수 없을 만큼 차고 넘치고 풍성합니다. 예수를 만나면 지금까지 모든 적은 만남에서 받은 상처와 아쉬움은 생각도 나지 않습니다. 모든 것을 상쇄하고도 남는 축복이 예수와의 만남에 넘칩니다.

이 예수를 만나시길 원하십니까? 오늘 인생 최고의 복된 만남인 예수를 만나시길 원하십니까? 예수는 우리를 만나길 원하십니다. 우리 찬송가 〈죄 짐 맡은 우리 구주〉를 함께 부르겠습니다.

찬송가 487장 <죄 짐 맡은 우리 구주>

1. 죄 짐 맡은 우리 구주 어찌 좋은 친군지
걱정 근심 무거운 짐 우리 주께 맡기세
주께 고함 없는 고로 복을 얻지 못하네
사람들이 어찌하여 아뢸 줄을 모를까

2. 시험 걱정 모든 괴롬 없는 사람 누군가
부질없이 낙심 말고 기도드려 아뢰세
이런 진실 하신 친구 찾아볼 수 있을까
우리 약함 아시오니 어찌 아니 아뢸까

3. 근심 걱정 무거운 짐 아니 진 자 누군가
피난처는 우리 예수 주께 기도드리세
세상 친구 멸시하고 너를 조롱하여도
예수 품에 안기어서 참된 위로 받겠네 아멘

오늘 이 자리에 오신 여러분들은 그동안 인생을 살면서 여러 가지 만남을 통해서 어떤 씻을 수 없는 상처가 있다면 오늘이 절호의 기회입니다. 예수 만나면 됩니다. 이 분 만나는 즉시 다 날아갑니다.

저라고 그동안 만남에서 상처가 없었겠습니까? 밤잠을 못 이루고 괴로워했던 상처가 한둘이 아닙니다. 그러나 저와 여러분은 다릅니다. 나는 주님을 진하게 만났습니다. 주님을 진하게 만나면 모든 상처가 다 날아갑니다. 그동안 만났던 모든 만남이 축복으로 바뀝니다. 축복으로 뒤집어집니다.

여러분도 이 귀한 만남이 오늘 여기서 이루어지기를 바랍니다. 우리 찬송가 <어서 돌아오오>를 함께 부르고 마음을 합하여 기도하겠습니다.

| 결단의 찬송 |

찬송가 317장 <어서 돌아오오>

1. 어서 돌아오오 어서 돌아만오오
지은 죄가 아무리 무겁고 크기로
주 어찌 못 담당하고 못 받으시리요
우리 주의 넓은 가슴은 하늘보다 넓고 넓어

2. 어서 돌아오오 어서 돌아만오오
우리 주는 날마다 기다리신다오
밤마다 문 열어놓고 마음 졸이시며
나간 자식 돌아오기만 밤새 기다리신다오

3. 어서 돌아오오 어서 돌아만오오
채찍 맞아 아파도 주님의 손으로
때리시고 어루만져 위로해주시는
우리 주의 넓은 품으로 어서 돌아오오 어서

| 담임 목회자를 따라서 하는 영접기도 |

이제 제가 여러분을 인생 최고의 만남인 예수와 만나도록 도와드리겠습니다. 저를 따라서 소리 내어 기도해 주세요.

살아계신 예수님, 예수님을 만나기 원합니다. 저는 죄인입니다. 저의 죄를 용서하여 주시고 십자가의 피로 깨끗이 씻어주세요. 하늘나라 갈 때까지 이끌어주시옵소서. 예수님 이름으로 기도하옵나이다. 아멘.

| 담임 목회자의 마무리기도 |

살아계신 아버지 하나님, 오늘 새로운 많은 심령들이 하나님 앞으로 처음 왔습니다. 만남의 축복이 이루어지게 하여 주시옵소서. 예수님을 꼭 만나서 이 세상에 살면서 일어났던 모든 것이 치료되고 상처가 다 씻어지게 하여 주시옵소서. 예수님 이름으로 축복하며 기도하옵나이다 아멘.

| 암송할 성경 말씀 |

영접하는 자 곧 그 이름을 믿는 자들에게는 하나님의 자녀가 되는 권세를 주셨으니 (요한복음 1장 12절)

| 질문을 통한 적용과 다짐 |

1. 오늘 들은 말씀의 제목이 무엇이었나요?

---

2. (　　) 안을 채우면서 오늘 말씀의 요점을 정리해봅시다.

(1) 인생은 (　　)의 연속이다.

(2) 모든 만남은 (　　)의 손길이다.

(3) 인생 최고의 만남인 (　　)를 오늘 만나자.

3. (　　) 안을 채워 읽으며 기도합시다.

주님, 저는 인생 최고의 만남인 (　　)를 오늘 만나기 원합니다.

주님, 저를 만나주세요. 예수님 이름으로 기도합니다. 아멘.

제2과

살아계신 하나님

| 학습 목표 |

하나님은 살아계십니다. 살아계신 하나님을 마음속에 초청합시다.

하나님은 살아계십니다. 성경을 읽지 않아도 설교를 듣지 않아도 하나님은 당신이 살아계신다는 증거를 여러 곳에 수없이 새겨놓았습니다.

자연과 우주가 하나님이 살아계신다는 증거입니다. 사람 속에 있는 하나님을 그리워하는 마음이 하나님이 살아계신다는 증거입니다. 성경이 하나님이 살아계신다고 증거합니다.

살아계신 하나님을 마음속에 초청합시다. 죄가 망가뜨린 우리 영혼의 고장 난 죄의 칩을 바꿔 끼웁시다. 성령의 칩이 우리 속에 들어오면 우리는 곧 살아계신 하나님을 만날 수 있습니다.

| 함께 읽는 성경 말씀 |

로마서 1장 18~23절

18 하나님의 진노가 불의로 진리를 막는 사람들의 모든 경건치
않음과 불의에 대하여 하늘로 좇아 나타나나니

19 이는 하나님을 알 만한 것이 저희 속에 보임이라 하나님께서
이를 저희에게 보이셨느니라

20 창세로부터 그의 보이지 아니하는 것들 곧 그의 영원하신 능
력과 신성이 그 만드신 만물에 분명히 보여 알게 되나니 그러
므로 저희가 핑계치 못할찌니라

21 하나님을 알되 하나님으로 영화롭게도 아니하며 감사치도 아
니하고 오히려 그 생각이 허망하여지며 미련한 마음이 어두워
졌나니

22 스스로 지혜 있다 하나 우준하게 되어

23 썩어지지 아니하는 하나님의 영광을 썩어질 사람과 금수와 버
러지 형상의 우상으로 바꾸었느니라

| 마음을 여는 찬송 |

〈주 하나님 독생자 예수〉

1. 주 하나님 독생자 예수 날 위하여 오시었네
내 모든 죄 다 사하시고
죽음에서 부활하신 나의 구세주

(후렴) 살아계신 주 나의 참된 소망 걱정 근심 전혀 없네

사랑의 주 내 갈 길 인도하니
내 모든 삶의 기쁨 늘 충만하네

2. 주 안에서 거듭난 생명 도우시는 주의 사랑
참 기쁨과 확신 가지고
예수님의 도우심을 믿으며 살리

3. 그 언젠가 주 뵐 때까지 주를 위해 싸우리라
승리의 길 멀고 험해도
주님께서 나의 앞길 지켜주시리

1. 신비한 우주가 증거합니다.

하나님은 살아계십니다. 어떻게 아냐구요? 성경 안 읽어봐도 알아요. 설교 안 들어도 알아요. 잘 생각해 보세요. 하나님이 살아계신다는 증거를 하나님은 이 세상에 많이많이 만들어 두셨어요. "나는 살아있다!" 그러면 그 증거가 어디 있나요?

첫 번째 증거는 자연입니다. 자연은 하나님이 살아계신 그림자입니다. 그림자가 있다는 것은 뒤에 그림자를 만드는 실체가 있다는 것입니다. 그런데 인간들은 그림자를 보고도 뒤에 이 그림자를 만든 실체가 있다는 것을 모릅니다. 이게 사람들의 어리석음입니다. 그러면 이 세상에 우주에 있는 모든 자연이 뭐냐면 하나님의 그림자입니다.

어떻게 자연이 하나님의 그림자인가요? 사람은 자기가 살고 있는 이 우주와 지구와 자연이 어떻게 생겼는지 생각도 못 해보고 바쁘게 살다 죽습니다. 이게 인간의 어리석음입니다. 그러나 오늘 이 시간만큼은 모든 삶의 최면을 다 내려놓고 정신을 바짝 차리고 한 번 내가 사는 이 우주가 어떻게 생겼는지를 잘 한번 생각해 보세요.

이 우주가 얼마나 큰지 알아요? 오늘 저녁 마당에 나가 한 번 밤하늘을 바라보세요. 별이 인사를 하지요. 이 별은 오늘 내게 인사하기 위해 얼마나 먼 거리를 달려왔을까요? 별과 내 눈과의 거리는 자그마치 50억 광년이나 됩니다.

50억 광년이면 얼마나 멀리서 날아온 것일까요? 소리는 1초에 340~360m를 갑니다. 엄청 빠르지요. 소리보다 빠른 게 전투기인데요. 마하 3.0 전투기는 소리보다 3배 빨리 날아갑니다. 1초에 1㎞를 나는 거죠. 빛의 속도를 들으면 기절할 정도입니다. 빛의 속도를 광속이라고 하죠. 빛은 1초에 지구를 일곱 바퀴 반이나 돕니다.

오늘 밤 내 눈에 들어온 밤하늘의 별, 이 별이 나를 만나기 위해 얼마를 달려온 지 아시나요? 빛의 속도, 광속도로 자그마치 50억 년을 날아온 것입니다. 50억 광년이요. 예사롭게 보고 말 별빛이 아닙니다.

우주는 얼마나 넓을까요? 이 우주에 지구보다 1,000배 큰 별들이 얼마나 많을까요? 과학자들은 지구보다 1,000배 큰 별들을 아담 이후 존재한 모든 인류에게 분양하면 한 사람당 5조억 개씩 돌아간다고 합니다. 그러니 땅 한 평 없다고 서러워할 것 없습니다. 우리 각 사람에게 지구보다 1,000배 큰 별들이 5조억 개씩이나 돌아오니까요.

신명기 4장 19절

또 두렵건대 네가 하늘을 향하여 눈을 들어 일월성신 하늘 위의 군중 곧 너희 하나님 여호와께서 천하만민을 위하여 분정(分定) 하신 것을 보고 미혹하여 그것에 경배하며 섬길까 하노라

또 별과 별 사이의 거리는 300억 광년이나 됩니다. 2012년 현재 발견된 것만 해도 그렇습니다. 별이 하나만입니까? 헤아릴 수 없는 별들이 밤하늘에 박혀 빛나고 있지 않습니까? 이 수 없는 별들이 서로 일정한 거리를 유지한 채 돌고 있습니다.

이토록 큰 우주가 또 얼마나 질서정연하고 정확한지 놀랍기만 합니다. 지구는 달을 거느리고 태양 주위를 정확한 거리를 유지한 채 돕니다. 정확한 속도로 돕니다. 1년에 한 번 작년도 올해도 내년도 같은 속도로 태양을 돕니다. 가까워지거나 멀어지거나 하지 않고 일정한 거리를 유지하며 돕니다. 지구가 궤도를 벗어나 태양에 1㎞ 가까이 간다면 어떤 일이 일어날까요? 지구에 사는 사람들은 동시에 다 불고기처럼 타죽고 맙니다. 반대로 1㎞ 멀어지면 다 동태처럼 얼어 죽고 맙니다.

하나님은 정확하게 돌도록 만들어놓으셨습니다. 이런 일이 우연일까요? 이 우주의 신비함 자체가 하나님이 계신다는 증거입니다.

하나님 없이 우주를 설명하는 것이 빅뱅 이론입니다. 가스 덩어리들이 자기들끼리 뭉쳐 다니다가 부딪혀서 빅뱅 즉 대폭발이 일어났다, 거기서 튀어나온 파편이 우주 덩어리들이 됐다고 하는 것입니다. 여러분, 도시가스 한 번 폭파해 보십시오. 거기서 자그마한 돌덩어리라도 하나 나옵니까? 백번 양보해서 가스 덩어리 즉 기체로부터 고체와 액체가 튀어 나왔다고 칩시다. 튀어나왔으면 가만있지 왜 뱅글뱅글 정확한 질서에 따라 돕니까?

거짓말하면 힘듭니다. 그냥 하나님이 창조하셨다고 인정하면 됩니다. 사실은 간단합니다. 하나님이 천지를 창조했다고 성경은 간단하게 말합니다. 우주는 하나님이 만드셨습니다. "태초에 하나님이 천지를 창조하셨다." 아멘. 그냥 받아들이면 됩니다.

빅뱅 이론을 주장하는 과학자들에게 그럼 가스 덩어리들은 어디서 생겼냐고 물어보십시오. "몰라!" 하고 대답합니다. 어차피 모르는 것 처음부터 모른다고 하지 뭘 그렇게 복잡하게 말해놓고 결국 모른다고 합니까? 인간은 우주에 대한 해답을 못 합니다. 그런데도 초등학교 교과서에 빅뱅 이론을 사실인 것처럼 버젓이 써놓았습니다. 인간은 거짓말에 속고 삽니다. 그렇다면 사실은 무엇입니까? 우주는 하나님이 만드신 것입니다.

사람이 한 번 각도를 잘못 잡으면 심각한 문제가 생깁니다. 공산국가 하나님을 안 믿는 소련의 우주과학자가 달과 화성 사이를 갔다 온 후 말했습니다. "그 넓은 우주에 아무리 찾아봐도 하나님은 안 보이더라." 그러나 예수 믿는 미국의 우주과학자는 똑같은 우주를 보고 와서 말했습니다. "하나님이 만든 것이 정말 아름다웠다." 하나님은 살아계십니다.

2. 우리 속에 있는 하나님을 그리워하는 마음이 증거합니다.

두 번째 증거는 사람 속에 있는 하나님을 그리워하는 마음입니다. 하나님은 우주와 같이 가장 큰 데에 자신이 살아계신 것을 새겨놓으시고 또 사람의 마음과 같이 가장 작은 데에도 자신이 살아계신 것을 새겨놓으셨습니다.

인간과 짐승과의 차이가 무엇입니까? 인간은 두 명만 모아놓아도 하나님을 찾으려고 허우적거립니다. 아무리 아프리카 오지와 같은 곳에 갖다 두어도 뭔가를 찾아 허우적거립니다. 큰 바위를 보면 뭔가 빌고 싶어 합니다. 멀쩡하게 대학 교육까지 받은 신혼부부가 신혼여행 도중 예사롭지 않게 생긴 커다란 나무를 보면 그 앞에 서서 소원을 빌곤 합니다. 사람의 마음속에는 이처럼 신을 그리워하는 마음이 있습니다. 신을 그리워한다는 것은 신이 있다는 것입니다. 내가 목이 마르다는 것은 목마름을 채우는 것이 있다는 것과 마찬가지입니다.

"하나님이 어딨어?"하는 사람도 물에 빠지면 "하나님, 나 살려 달라!"고 합니다. 신은 죽었다고 말한 니체도 정신병이 걸려 죽을 때 "알지 못하는 신이여, 나를 불쌍히 여기소서." 하나님을 불렀습니다. 그가 일생 책 쓰고 주장한 신은 죽었다는 말을 한방에 무너뜨리고 죽은 것입니다. 하나님의 창조를 부정한 대표적 진화론자 다윈도 죽을 때 "내가 한 말은 다 거짓말이다." 하고 죽었습니다. 사람이 마지막 한 말이 중요합니다. 니체도 다윈도 자신의 주장을 마지막에 다 부인하고 죽었습니다. 그런데도 사람들은 그 마지막 말은 귀담아듣지 않고, 니체가 신은 죽었다고 했다, 다윈이 인간은 원숭이에서 진화됐다고 했다, 이렇게 떠드는 것입니다.

인간이 이렇게 어리석습니다. 말 한마디만 하면 됩니다. 하나님은 살아계신다고요. 하나님은 살아계십니다.

3. 인류 최대의 책 성경이 증거합니다.

세 번째 증거는 성경입니다. 성경이 하나님이 살아 계신다고 증거 합니다. 성경의 증거만큼 확실한 것이 없습니다. 성경에 무엇이 쓰였다고 하면 그것이 바로 해답입니다.

성경은 신비 자체이기 때문입니다. 성경은 2,000년이 넘는 시간에 걸쳐 30명이 넘는 사람들이 기록했습니다. 그런데 주제는 같습니다. 처음 창세기를 쓴 모세로부터 마지막 요한계시록을 쓴 요한까지 나이 차이가 2,000년이지만 앞의 문장과 뒤의 문장이 동일합니다.

성경은 성경 자체가 기적입니다. 인류 역사상 가장 오래된 책입니다. 가장 많은 언어로 번역된 책입니다. 3만~5만의 부족사회 언어들까지로도 다 번역된 것이 성경입니다.

성경은 영원한 베스트셀러(best seller)입니다. 성경은 인류 역사상 가장 사랑받은 책입니다. 가장 미움받은 책입니다. 공산주의자들은 성경을 얼마나 혐오하고 없애고 싶어 했는지 모릅니다. 성경을 다 가져다 불태웠지만 성경은 지금 없어진 것이 아니라 더 많이 늘어났습니다. 유럽에서 성경을 박멸하려고 만들었던 회관은 지금 성경 출판사가 되었습니다. 이게 바로 성경입니다.

성경은 인류에게 최대로 권위 있는 책입니다. 그래서 예수 안 믿는 세상 사람, 요즘 정치가들 이런 사람들도 성경의 권위에 기대어 말하기를 좋아합니다. “성경에 말하기를 욕심이 잉태하면 죄를 낳고, 오른뺨을 때리면 왼뺨을 돌려대라” 하면서 성경을 막 써먹습니다.

이와 같이 인류의 공증을 받은 성경에서 하나님은 살아계신다고 말합니다. "하나님이 없다"라고 말하기가 "하나님이 있다"라고 말하는 것보다 백배 힘듭니다. "하나님이 없다"는 것을 증명하기가 "하나님이 있다"는 것을 증명하기보다 백배 힘듭니다. 하나님은 살아계십니다. 신앙의 모든 기초는 하나님이 살아계시는 것을 아는 것부터 시작됩니다.

히브리서 11장 6절
믿음이 없이는 기쁘시게 못하나니 하나님께 나아가는 자는 반드시 그가 계신 것과 또한 그가 자기를 찾는 자들에게 상 주시는 이심을 믿어야 할찌니라

| 결단의 찬송 |

〈주 하나님 독생자 예수〉

1. 주 하나님 독생자 예수 날 위하여 오시었네
내 모든 죄 다 사하시고
죽음에서 부활하신 나의 구세주

(후렴) 살아계신 주 나의 참된 소망 걱정 근심 전혀 없네
사랑의 주 내 갈 길 인도하니
내 모든 삶의 기쁨 늘 충만하네

2. 주 안에서 거듭난 생명 도우시는 주의 사랑
참 기쁨과 확신 가지고
예수님의 도우심을 믿으며 살리

3. 그 언젠가 주 뵐 때까지 주를 위해 싸우리라
승리의 길 멀고 험해도
주님께서 나의 앞길 지켜주시리

두 손 높이 드시고, "하나님은 살아계십니다. 분명히 살아계십니다. 우리는 하나님이 살아계신 것을 이미 알고 있었지만, 다시 우리는 정돈했습니다. 하나님, 내 마음속까지 들어와 주시고 나를 붙잡아 주시옵소서." 주여~ 삼창하고 기도하겠습니다. 주여~ 주여~ 주여~

| 담임 목회자를 따라서 하는 영접기도 |

살아계신 우리 아버지 하나님, 하나님은 살아계시는데 나 혼자 몰랐습니다.

오늘 이 자리에 처음으로 교회 나오신 분들은 인도자와 함께 그 자리에서 일어나 주시기 바랍니다. 제가 여러분을 하나님 만나는 길로 인도해 드리겠습니다. 일어나신 분들은 저를 따라 기도해 주세요.

살아계신 하나님, 저는 그동안 하나님이 계시는 줄 모르고 살았습니다. 오늘 말씀을 듣고 하나님은 계신다는 것을 알게 되었습니다. 나의 모든 죄를 용서하여 주시고 십자가의 피로 씻어주시고 하나님의 자녀로 삼아주시옵소서. 천국 갈 때까지 인도하여 주세요. 예수님 이름으로 기도하옵나이다. 아멘.

| 암송할 성경 말씀 |

창세로부터 그의 보이지 아니하는 것들 곧 그의 영원하신 능력과 신성이 그 만드신 만물에 분명히 보여 알게 되나니 그러므로 저희가 핑계치 못할찌니라 (로마서 1장 20절)

| 질문을 통한 적용과 다짐 |

1. 오늘 들은 말씀의 제목이 무엇이었나요?

---

2. (　　) 안을 채우면서 오늘 말씀의 요점을 정리해봅시다.

(1) 하나님이 살아계신 것은 신비한 (　　)가 증거한다.

(2) 하나님이 살아계신 것은 우리 속에 있는 하나님을 그리워하는 (　　)이 증거한다.

(3) 하나님이 살아계신 것은 인류 최대의 책 (　　)이 증거한다.

3. (　　) 안을 채워 읽으며 기도합시다.

주님, 저는 (　　)이 살아계신다는 사실을 오늘 알았습니다. 살아계신 하나님, 내 속에 들어와 주세요. 예수님 이름으로 기도합니다. 아멘.

제3과

예수 그리스도는 누구신가

| 학습 목표 |

예수가 누구신지 제대로 아십니까? 예수가 말씀하시는 대로 예수를 압시다.

세상 사람들은 예수를 누구라고 하나요? 2000년 전 이스라엘에 살던 사람, 아버지는 요셉 어머니는 마리아, 로마의 정치범으로 십자가에 처형된 사람, 기독교의 창시자, 세계 3대 성인 중 한 사람 등등으로 예수를 알고 있습니다.

성경에서 예수는 자신을 전혀 다르게 말합니다. 첫째, 태초의 상고 즉 만물이 있기 전 가장 먼저 있었다고 말합니다. 둘째, 창조주 하나님이라고 말합니다. 셋째, 성령으로 잉태되어 세상에 오셨다고 말합니다. 넷째, 우리 죄를 대속하려고 십자가에서 죽으셨다고 말합니다. 다섯째, 3일 만에 부활하셨다고 말합니다. 여섯째, 부활하고 40일 후 승천하셨다고 말합니다. 일곱째, 다시 이 땅에 오셔서 천년왕국을 이루신다고 말합니다.

예수의 이러한 주장을 우리는 어떻게 대해야 할까요? 그는 영웅 심리에 사로잡힌 사기꾼일까요? 과대망상에 사로잡힌 정신병자일까요? 그렇게 말하기에는 예수가 이끌어온 인류 역사가 너무나 정확하고 분명한 것입니다. 그렇다면 우리는 예수를 그가 말씀한 대로 인정하고 받아들일 수밖에 없습니다.

| 함께 읽는 성경 말씀 |

요한복음 1장 1~14절

1 태초에 말씀이 계시니라 이 말씀이 하나님과 함께 계셨으니 이 말씀은 곧 하나님이시니라

2 그가 태초에 하나님과 함께 계셨고

3 만물이 그로 말미암아 지은 바 되었으니 지은 것이 하나도 그가 없이는 된 것이 없느니라

4 그 안에 생명이 있었으니 이 생명은 사람들의 빛이라

5 빛이 어두움에 비취되 어두움이 깨닫지 못하더라

6 하나님께로서 보내심을 받은 사람이 났으니 이름은 요한이라

7 저가 증거하러 왔으니 곧 빛에 대하여 증거하고 모든 사람으로 자기를 인하여 믿게 하려 함이라

8 그는 이 빛이 아니요 이 빛에 대하여 증거하러 온 자라

9 참빛 곧 세상에 와서 각 사람에게 비취는 빛이 있었나니

10 그가 세상에 계셨으며 세상은 그로 말미암아 지은 바 되었으되 세상이 그를 알지 못하였고

11 자기 땅에 오매 자기 백성이 영접지 아니하였으나

12 영접하는 자 곧 그 이름을 믿는 자들에게는 하나님의 자녀가
되는 권세를 주셨으니
13 이는 혈통으로나 육정으로나 사람의 뜻으로 나지 아니하고 오
직 하나님께로서 난 자들이니라
14 말씀이 육신이 되어 우리 가운데 거하시매 우리가 그 영광을
보니 아버지의 독생자의 영광이요 은혜와 진리가 충만하더라

| 마음을 여는 찬송 |

찬송가 14장 <구세주를 아는 이들>

1. 구세주를 아는 이들 찬송하고 찬송하세
맘과 뜻과 힘 다하여 경배드리세

2. 주를 알지 못한 이들 주가 친히 인도하사
그의 피로 구속하니 찬송할찌라

3. 약한 사람 도움받아 시험 중에 참게 되니
모든 죄를 이길 힘은 믿음뿐이라

4. 진리 되신 우리 주는 영원토록 변함없네
성도들아 주를 믿어 길이 섬기세

| 귀 쫑긋하고 듣는 성경 말씀 |

1. 이 세상이 말하는 예수

사람들은 예수를 누구라고 말하나요? 여러분은 예수가 누구라고 알고 계십니까?

세상 사람들은 예수를 이렇게 말합니다.

첫째, 예수는 2천 년 전 이스라엘에 태어난 사람이다.

둘째, 아버지는 요셉, 어머니는 마리아이다.

셋째, 로마의 정치범으로 십자가에 처형되었다.

넷째, 기독교의 창시자이다.

다섯째, 세계 3대 성인 중 한 사람이다.

세상 사람들은 예수에 대해 이렇게 말합니다. 중고등학교에서 그렇게 배웠고, 또 다른 사람들이 그렇게 말하는 것을 들었습니다. 과연 그럴까요? 이런 말이 다 예수를 정확하게 말하는 것일까요?

예수는 불교의 석가모니, 유교의 공자와 같이 세계 3대 성인 중 한 사람일까요? 이렇게 말하는 것이 과연 예수를 높여주는 말일까요? 예수를 부처나 공자와 같은 사람으로 보는 것은 오히려 예수를 모독하는 것이 아닐까요?

2. 예수 자신이 말하는 예수, 일곱 가지

예수는 자신이 누구라고 말씀하고 있나요? 예수가 자기 자신에 대해 한 말씀은 다 성경에 기록되어 있습니다. 예수가 말하는 예수를 알아봅시다.

첫째, 예수는 자신이 이 세상 만물이 있기 전에 먼저 있었다고 말합니다. 태초에 상고에 있었다고 말합니다.

둘째, 예수는 자신이 이 세상 만물을 만든 창조주 하나님이라고 말합니다. 창세기 1장 3절에 "빛이 있으라" 말한 그 사람이 바로 나라고 말씀합니다.

셋째, 예수는 성령으로 잉태되어 이 세상에 오셨다고 말씀합니다. 우리가 태어나는 것과는 다르다고 말씀합니다. 보통 사람들은 아버지와 어머니의 사랑의 열매로써 태어납니다. 그러나 예수는 성령으로 잉태되어 마리아의 배를 빌려 태어났다고 말씀합니다.

넷째, 예수가 십자가에 못 박혀 죽으신 것은 우리를 구원하시기 위한 것이라고 말씀합니다. 예수 자신의 죄 때문이 아니라는 것입니다. 우리 죄를 씻어주시기 위해서 우리 대신 죽으셨다고 말씀합니다.

다섯째, 예수는 죽으신 지 3일 만에 다시 살아나셨다고 말씀합니다. 죽으셨으나 부활하셨다고 말씀합니다.

여섯째, 예수는 부활한 지 40일 후 하늘로 올라가셨다고 말씀합니다. 승천하셨다고 말씀합니다.

일곱째, 예수는 다시 이 땅에 오셔서 천 년 동안 성도들과 함께 이 땅을 다스리신다고 말씀합니다. 반드시 재림하셔서 천년왕국을 이루신다고 말씀합니다. 찬송가 〈다시 사신 구세주〉를 함께 부릅시다.

찬송가 151장 〈다시 사신 구세주〉

1. 다시 사신 구세주 나 항상 섬기네
온 세상 조롱해도 주 정녕 사셨네
그 은혜로운 손길 부드러운 음성
내 평생 주님 함께 늘 계시네

(후렴) 예수 예수 늘 살아 계셔서
주 동행하여 주시며 늘 말씀하시네
예수 예수 내 구세주 예수
내 맘에 살아 계시네 늘 살아 계시네

2. 온 세상 살펴보니 주 사랑 알겠네
내 맘이 아플 때도 주 사랑 알겠네

이 세상 풍파 이길 힘 주시는 주님
마침내 영광중에 주 오시네

3. 주 믿는 성도들아 다 기쁜 노래로
주 예수 우리 왕께 다 찬양 드리세
이 세상 소망이요 참 친구 되시는
주 예수 영원토록 찬양하세

이렇게 아는 것이 예수를 아는 것입니다. 예수가 말한 이 일곱 가지 내용을 그대로 인정하는 사람을 예수 믿는 사람이라고 말합니다.

이 세상 사람들이 말하는 대로 예수를 아는 것은 전혀 예수를 알지 못하는 것입니다. 그렇게 예수를 취급하는 것은 예수를 믿지 않는 것입니다. 교회를 다니면서도 예수가 말씀한 이 일곱 가지 사실대로 예수를 알지 않고 이 세상 사람들처럼 예수에 대해서 말한다면 그 사람은 예수 믿는 사람이 아닙니다.

현재 한국에서 1,200만 명이 예수 믿는 사람이라고 말합니다. 그렇다면 4,000만 명의 사람이 예수를 전혀 다르게 오해하고 있습니다. 여러분은 어떠십니까?

3. 예수의 주장에 대한 세 가지 반응, 나의 선택은?

성경에서 예수가 주장한 예수는 이제까지 내가 알고 있던 예수와 전혀 다릅니다. 그 내용은 참으로 상상조차 할 수 없는 엄청난 것입니다. 도저히 이해되지 않습니다. 사람으로서는 생각조차 못 할 끔찍스러운 것입니다.

첫째, 나는 만물이 있기 전에 있었다. 존재의 근원이다.
둘째, 내가 만물을 창조한 하나님이다.
셋째, 내가 이 세상에 태어난 것은 너희들과 다르다. 나는 성령으로 잉태되었다.
넷째, 내가 십자가에 죽은 것은 너희들의 죄의 문제를 해결하기 위해서이다.
다섯째, 나는 죽은지 3일 만에 무덤에서 다시 살아났다.
여섯째, 나는 부활하고 40일 후에 하늘로 올리워갔다.
일곱째, 나는 다시 이 땅에 와서 천년왕국을 이룰 것이다.

예수는 자신이 이런 사람이라고 말씀합니다. 이러한 주장은 지금까지 내가 알고 있던 것하고는 전혀 다릅니다. 예수가 말한 이 모든 것이 사실일까요? 이런 말을 듣고 우리는 어떤 반응을 보여야 할까요?

첫째, 예수를 영웅 심리에 빠진 사기꾼이라고 생각할 수 있습니다. 예수가 자신을 내세우려고 잘난 체하려고 이렇게 거짓말을 지어내서 말하고 있다는 것입니다. 과연 그럴까요? 성경에 있는 예수의 말씀은 거짓말이라고 하기에는 너무 좋은 말이 많지 않나요? 또 과연 2천 년 동안이나 계속해서 사람들이 거짓말쟁이에게 놀아나는 것이 가능한가요?

둘째, 예수는 과대망상에 사로잡힌 정신병자라고 생각할 수 있습니다. 과대망상증에 걸려서 예수도 자신을 정말 그런 사람이라고 믿었다는 것이지요. 과연 그럴까요? 정신병자가 성경에서처럼 말을 그렇게 정확하게 할 수 있나요?

아, 그렇다면 무엇일까요? 예수가 영웅 심리에 취한 사기꾼도 아니고 과대망상증에 걸린 정신병자도 아니라면 무엇일까요? 예수가 주장한 예수의 일곱 가지 모습은 다 사실일까요?

여러분의 생각을 들려주세요.
여러분은 예수가 사기꾼이라고 생각하십니까?
여러분은 예수가 정신병자라고 생각하십니까?
아니면 너무나 끔찍스럽지만, 예수가 말한 모든 것은 다 사실이라고 인정할 수밖에 없습니까?

그렇습니다. 예수는 사기꾼도 아니고 정신병자도 아니라면 그가 말한 모든 말은 사실임을 인정할 수밖에 없습니다.

그러나 이런 태도만은 취해서는 안 됩니다. "예수가 누구든 관심 없어! 나 먹고살기 바빠!" 이렇게 말해서는 안 됩니다. 2천 년 동안 그렇게 수많은 사람이 이 예수 때문에 순교하고 핍박당했습니다. 사기꾼에게 걸려, 정신병자에게 속아 그렇게 되었다면 얼마나 안타깝고 끔찍한 일입니까? 만일 예수가 정말 사기꾼이거나 정신병자라면, 이토록 많은 사람이 예수 때문에 죽기도 하고 핍박도 당했고, 또 당하고 있고, 앞으로도 그럴 것인데, 그냥 버려둘 수 없습니다. 관심 없다고 내 문제 아니라고 외면할 수 없습니다.

우리는 예수 자신이 주장한 예수에 대한 태도를 분명히 해야 합니다. 예수 자신이 말씀하신 예수를 우리는 받아들일 수밖에 없습니다. 인정할 수밖에 없습니다. 〈나는 들었고 나는 보았네〉 찬송을 함께 부르고 기도하겠습니다.

| 결단의 찬송 |

〈나는 들었고 나는 보았네〉

1. 나는 들었고 나는 보았네 끝없는 주의 사랑
나는 만졌고 나는 안겼네 하나님의 품으로
주의 참사랑 놀라운 능력 이제 나 받았으니
가서 전하라 빛을 발하라 예수의 이름으로

2. 우리 모습은 서로 달라도 무지개 색깔처럼

조화 이루어 영광 돌리는 하나님의 자녀들
주의 참사랑 놀라운 능력 이제 나 받았으니
가서 전하라 빛을 발하라 예수의 이름으로

3. 사랑합니다 감사합니다 한없는 주의 은혜
의지합니다 찬양합니다 오직 예수님만을
주의 참사랑 놀라운 능력 이제 나 받았으니
가서 전하라 빛을 발하라 예수의 이름으로

| 담임 목회자를 따라서 하는 영접기도 |

살아계신 예수님, 저는 그동안에 예수님에 대하여 오해하고 살았습니다. 오늘 말씀을 듣고 예수님을 믿기를 원합니다. 도와주세요. 나의 모든 죄를 용서하여 주세요. 십자가의 피로 씻어주세요. 천국 갈 때까지 인도하여 주시옵소서. 예수님 이름으로 기도하옵나이다. 아멘.

| 담임 목회자의 마무리기도 |

살아계신 아버지 하나님, 새로 나온 생명들을 축복하여 주세요. 성령으로 거듭나게 하여 주세요. 하나님의 생명책에 기록하여 주세요. 성령 받게 하여 주세요. 방언 받게 하여 주세요. 성령 체험시켜 주세요. 예수님 이름으로 기도하옵나이다 아멘.

| 암송할 성경 말씀 |

태초에 말씀이 계시니라 이 말씀이 하나님과 함께 계셨으니 이 말씀은 곧 하나님이시니라 (요한복음 1장 1절)

| 질문을 통한 적용과 다짐 |

1. 오늘 들은 말씀의 제목이 무엇이었나요?

---

2. (　　) 안을 채우면서 오늘 말씀의 요점을 정리해봅시다.

(1) 예수는 이 세상 만물이 있기 (　　) 먼저 있었다.

(2) 예수는 만물을 창조한 (　　)이다.

(3) 예수는 (　　)으로 잉태되어 이 세상에 오셨다.

(4) 예수는 나의 죄 때문에 (　　)에 못 박혀 죽으셨다.

(5) 예수는 죽으신지 3일 만에 (　　)하셨다.

(6) 예수는 부활하고 40일 후 (　　)하셨다.

(7) 예수는 (　　)하셔서 (　　) 동안 왕국을 이루신다.

3. (　　) 안을 채워 읽으며 기도합시다.

살아계신 예수님, 저는 예수님을 잘못 알고 살았습니다. 나를 창조하시고 나를 위해 죽으시고 부활하시고 지금도 하늘에서 나를 위해 기도하고 계시는 (　　), 감사합니다. 나를 위해 이 세상에 다시 오셔서 왕국을 이루실 예수님 이름으로 기도합니다. 아멘.

제4과

이성의 불완전

| 학습 목표 |

나를 속여온 내 이성을 예수님 말씀의 수종자의 자리로 내려놓읍시다. 예수를 깊이 알아 하나님의 심판대 앞에서 하는 마지막 후회에서 벗어납시다.

우리 이성은 불완전합니다. 후회하는 것을 보면 내 생각에 문제가 있다, 내 이성은 불완전하다는 것을 당장 압니다. 지금 하는 후회는 과거에는 확신이었기 때문입니다.

과거의 일만 후회할까요? 지금 내가 하는 확신은 미래에 후회로 바뀔 것이 수없이 많습니다. 나를 속여온 내 생각을 따라 사는 어리석음에서 벗어나야 합니다. 그 길은 인류 역사에서 한 번도 후회한 일이 없는 사람, 예수의 생각을 내 생각 대신 모시는 것입니다. 예수의 생각을 주인의 자리에 모셔 올리고 내 이성은 예수의 생각을 따르는 수종자의 자리로 내리는 것입니다. 그 사람은 후회가 줄어들게 됩니다.

후회 중 가장 큰 후회는 마지막 후회입니다. 죽은 후 하나님의 심판대 앞에서 하는 후회입니다. 내가 이 세상에 살 때 예수를 믿을걸, 내가 예수를 더 깊이 알걸 하며 후회합니다. 마지막 후회는 심각합니다. 돌이킬 수 없습니다. 지금 예수를 믿읍시다. 지금 예수를 더 깊이 압시다.

| 함께 읽는 성경 말씀 |

히브리서 13장 13~18절

13 그런즉 우리는 그 능욕을 지고 영문 밖으로 그에게 나아가자

14 우리가 여기는 영구한 도성이 없고 오직 장차 올 것을 찾나니

15 이러므로 우리가 예수로 말미암아 항상 찬미의 제사를 하나님께 드리자 이는 그 이름을 증거하는 입술의 열매니라

16 오직 선을 행함과 서로 나눠주기를 잊지 말라 이 같은 제사는 하나님이 기뻐하시느니라

17 너희를 인도하는 자들에게 순종하고 복종하라 저희는 너희 영혼을 위하여 경성하기를 자기가 회계할 자인 것 같이 하느니라 저희로 하여금 즐거움으로 이것을 하게 하고 근심으로 하게 말라 그렇지 않으면 너희에게 유익이 없느니라

18 우리를 위하여 기도하라 우리가 모든 일에 선하게 행하려 하므로 우리에게 선한 양심이 있는 줄을 확신하노니

| 마음을 여는 찬송 |

<내가 걷는 이 길이>

내가 걷는 이 길이 혹 굽어 도는 수가 있어도
내 심장이 울렁이고 가슴 아파도
내 마음속으로 여전히 기뻐하는 까닭은
하나님은 실수하지 않으심일세

내가 세운 계획이 혹 빗나갈지 모르며
나의 희망 덧없이 스러질 수 있지만
나 여전히 인도하시는 주님을 신뢰하는 까닭은
주께서 내가 가야 할 길을 잘 아심일세

어두운 밤 어둠이 깊어 날이 다시는
밝지 않을 것 같아 보여도
내 신앙 부여잡고 주님께 모든 것 맡기리니
하나님을 내가 믿음일세

지금은 내가 볼 수 없는 것 너무 많아서
너무 멀리 가물가물 어른거려도
운명이여 오라 나 두려워 아니하리
만사를 주님께 내어 맡기리

차츰차츰 안개는 걷히고
하나님 지으신 빛이 뚜렷이 보이리라
가는 길이 온통 어둡게만 보여도
하나님은 실수하지 않으신다네

1. 내 이성은 후회의 생산공장입니다. 내 인생을 속이고 망친 전과자입니다.

사람에게는 다 생각이라는 이성이 있습니다. 육체의 고깃덩어리를 빼면 다 생각입니다. 이성은 이성 친구의 이성과는 다른 한자입니다. 생각을 이성이라고 합니다. 우리 생각인 이성은 다 잘못되었습니다. 우리 이성은 불완전합니다. 우리의 생각은 틀렸습니다. 잠시만 들어보면 내 생각이 틀렸다는 것을 바로 알게 됩니다.

시간에는 세 가지가 있습니다. 지금을 현재, 앞으로 올 시간을 미래, 그리고 지나간 시간을 과거라고 하지요. 사람마다 과거의 길이는 다 다릅니다. 여러분의 과거의 길이는 얼마인가요? 그동안 후회해 본 일이 있으십니까? 지금도 생각하면 땅을 치고 싶은 그런 후회가 있으십니까? 한 번도 후회하지 않은 사람은 없습니다. 만일 한 번도 후회해 본 일이 없다고 한다면 그는 정신병자입니다.

내가 지금 하는 후회는 과거에는 확신이었습니다. 살다 보니 지금 와서 후회가 된 것이지 그 출발은 확신이었습니다. 과거의 확신이 지금에 와서 후회로 바뀐 것입니다. 지금 여러분은 어떤 확신을 갖고 있습니까? 그 확신은 어떨까요? 이것만큼은 분명하다고 확실하다고 하는 지금 여러분의 생각이 미래에 어떻게 실체가 드러날까요? 지금 확신 중 미래에 가면 후회로 바뀔 것들이 수없이 많습니다.

우리 생각에는 문제가 있습니다. 우리 이성은 불완전합니다. 우리 생각은 우리를 속여먹은 사기꾼이요 전과자입니다. 수없이 후회를 만들어내는 후회의 생산공장입니다. 그런데도 우리는 여전히 우리를 속여온 우리 생각을 붙들고 우리 생각을 주인으로 삼고 살고 있습니다. 이렇게 우리는 어리석습니다.

후회하는 시간은 다 다릅니다. 어떤 후회는 하루 만에 하는 후회가 있습니다. 하루 만에 내 생각이 잘못되었다는 것이 탄로 난 것입니다. 이런 후회는 큰 문제가 아닐 수 있습니다. 어떤 후회는 일 년 만에 합니다. 어떤 후회는 십 년 만에 합니다. 어떤 확신은 삼십 년 만에, 오십 년 만에 그 정체가 탄로 나기도 합니다. 어떤 확신은 죽을 때까지 전혀 후회하지 않다가 죽음 건너편에 가서 후회하는 확신도 있습니다.

우리 이성은 불완전합니다. 우리 생각은 후회의 생산공장입니다. 과거의 확신이 살다 보니 지금 후회로 바뀐 것이 한두 번이 아닙니다. 수없이 보았습니다.

어차피 할 후회라면, 후회는 빨리하는 게 좋습니다. 후회를 빨리하는 것이 정체가 드러납니다. 잘못된 것을 가지고 계속 끌고 가는 것은 좋은 일이 아닙니다. 한 번 따라 하시기 바랍니다. "후회는 빨리하는 것이 좋다!" 그런데도 사람은 잘못된 생각에 확신까지 더한 고집에 빠져 살아갑니다. 이 시간 여러분의 이성의 정체에 대해서 뿌리를 캐 들어가기를 바랍니다. 나를 사기 친, 내 인생을 사기 친 인생을 아직도 우리는 붙잡고 따라가고 있습니다. 어리석은 것이지요. 이 어리석음에서 빨리 벗어나기를 바랍니다.

2. 내 생각의 자리에 예수를 올려놓고 내 이성은 예수의 수종자의 자리에 내려놓아야 합니다.

불완전한 내 이성, 내 생각을 붙들고 사는 어리석음에서 벗어나는 길은 어디에 있을까요? 인류 역사상 한 번도 후회해보지 않은 사람이 있습니다. 바로 예수입니다. 예수만이 후회를 한 번도 안 해보신 분입니다. 앞으로 우리가 후회로부터 나오는 길은 후회의 생산공장인 내 이성을 조용히 내려놓고, 조용히 폐기하고 그 자리에 예수의 생각을 심는 길밖에 없습니다.

예수의 생각을 사람의 생각에다 집어넣으면 그 사람은 후회의 길로부터 나올 수 있습니다. 내가 주인 삼은 이성을 그리스도의 수종자의 위치에 내려놓아야 합니다. 그렇지 않으면 지금까지 살아온 후회의 삶을 계속 살아야 합니다. 더이상 후회하고 싶지 않다면 내 생각을 조용히 내려놓고 그 자리에다 예수의 생각을 심으십시오. 그러면 여러분은 굉장히 많은 후회가 줄어들 것입니다.

사람은 자기 생각을 내려놓기 싫어합니다. 오랫동안 내 이성이 내 인생의 주인 노릇을 해왔기 때문입니다. 이성은 이해를 원합니다. 내가 왜 내려가야 하는지 나를 이해시키라고 요구합니다. 우리 이성은 형편없습니다. 우리 인생을 후회 구덩이로 만들었습니다. 그러면서도 왜 내가 내려가고 예수가 내 자리에 와야 하는지 이해시키라는 것입니다. 그러나 우리 이성은 예수의 생각을 이해할 수 없습니다.

사람은 대개 한 세대를 30년으로 생각합니다. 젖먹이 아기가 엄마를 이해할 수 있을까요? 엄마가 "젖을 빨아, 우유 먹어, 그래서 살어." 말할 때 아기가 "내가 왜 먹어야 하는지 날 좀 이해시켜봐. 그러면 내가 먹을께."라고 말한다고 해보십시오. 엄마가 설명합니다. "야, 이놈아, 네가 젖을 먹어야 젖이 네 입속으로 들어가서 침이랑 섞여서 식도로 내려가서 위 속에서 위액이 푹푹 뿜어지면 거기서 다시 뭉쳐서 십이지장으로 들어가면 십이지장액이 툭툭 쏘아지고 그래서 다시 소장으로 들어가서 영양가를 흡수하고 그게 다시 피로 들어가고 피가 간에 가서 걸러져서 다시 심장으로 가서 심장이 푹푹 펌프질을 해야 사는 거야!" 이렇게 설명한들 아기가 이해할 수 있겠습니까? 이해 못 합니다. 엄마랑 아기랑 30살 차이인데도 이해 못 하는데 우리랑 예수님은 영원 살 차이입니다.

교회 와서 예수님을 이해하려고 하면 안 됩니다. 예수의 말씀을 "왜 그래야돼요? 뭣 때문에?"라고 한들 우리 머리로 이성으로 이해가 안 됩니다. 혹시 이해가 된다고 하면 예수와 나는 수준이 비슷한 것입니다. 예수님의 말은 이해가 되는 게 아닙니다. 이해로써 흡수하려 하지 말고 여러분의 이성은 내려놓고 예수의 말씀을 믿으세요. 그래야 후회로부터 벗어날 수 있습니다.

젖은 빨라면 빨면 됩니다. 그래야 삽니다. 예수를 믿으라면 믿으면 됩니다. 그래야 삽니다. 예수는 믿음으로 받아들여야 합니다. 내 이성은 이해를 원합니다. 그러나 이해할 수 없습니다. 이성은 이미 불완전함이 그 정체가 탄로 났습니다.

이성의 불완전, 나의 이성에는 문제가 있다! 이 사실을 분명히 알고 살아야 합니다. 우리 생각은 절대 똑똑한 게 아닙니다. 얼마나 공부를 했느냐와 관계없습니다. 공부한 사람들이 오히려 더 잘 속습니다. 자기 이성을 더 잘 믿습니다. 그러나 자기 실력과 관계없습니다. 후회하는 것을 보면 우리 이성에는 문제가 있습니다. 그러므로 우리는 내 이성을 내려놓고 예수님의 말씀을 붙잡고 살아야 합니다. 말씀을 붙잡고 사는 사람은 이성에서 나올 수 있습니다. 우리를 사기꾼 이성으로부터 해방 시키시는 예수께 감사합시다.

예수의 생각이 우리에게 올 때 내 이성으로 그것을 저울질해서는 안 됩니다. 우리 이성은 항상 사고 친다고 생각하고 그것을 수종자의 자리에 내려놓아야 합니다.

성경을 날마다 읽어야 합니다. 말씀을 읽을 때 하나님 말씀과 내 이성이 부딪치면 말씀을 세우고 내 이성을 폐기해야 합니다. 예배시간에 말씀을 들을 때 내 이성의 정체가 드러나서 이성으로부터 나올 수 있습니다.

3. 죽음 건너편 하나님의 심판대 앞에서 닥칠 가장 큰 후회에서 벗어나는 방법

지나간 후회 중에 가장 큰 후회는 사람마다 다릅니다. 지나간 후회를 수도 없이 할 수 있습니다. 지나간 후회보다 앞으로 내게 다가올 후회가 더 크다는 것 알아야 합니다. 지나간 후회는 후회도 아닙니다. 앞으로 태산 같은 후회가 미래에서 다가오고 있습니다. 어떻게 해야 할까요? 내 이성을 내려놓아야 합니다. 하나님 말씀을 세워야 합니다. 그래야만 미래로부터 오는 큰 후회에서 벗어날 수 있습니다.

후회 중 가장 큰 후회는 무엇일까요? 그것은 지나간 후회도 아니고 미래에서 다가올 태산 같은 후회도 아닙니다. 그것은 죽음 건너편, 하나님의 심판대 앞에서 나타납니다. 이 땅에서의 후회는 내가 좀 손해 보면 됩니다. 그러나 죽음 건너편 후회는 다시 돌이킬 수 없습니다. 어쩔 도리가 없습니다.

그 후회가 무엇입니까? 하나님의 심판대 앞에서 하는 그 후회가 무엇입니까? 예수 그리스도를 모르고 산 것입니다. 하나님의 심판대 앞에서 하는 후회가 마지막 후회입니다. 마지막 후회가 무엇입니까? '내가 세상에 있을 때 예수를 알을 걸.' 이것이 제일 마지막 후회입니다. 가장 큰 후회입니다. 제가 이것을 미리 알려드렸으니 오늘 이 시간에 예수를 믿으세요. 그러면 가장 큰 후회로부터 나올 수 있습니다. 그리고 예수를 믿는 사람들은 하나님의 심판대 앞에서 후회합니다. '내가 좀 예수를 더 깊이 알걸.' 하는 후회입니다.

오늘 이 시간 예수 믿읍시다. 그러면 가장 큰 후회로부터 나올 수 있습니다. 예수를 깊이 아는 것이 이 세상의 후회로부터 그리고 영원한 후회로부터 벗어나는 길입니다. 예수를 깊이 압시다. 우리 〈예수 더 알기 원함은〉 찬양 부르겠습니다.

| 결단의 찬송 |

찬송가 506장 <예수 더 알기 원함은>

1. 예수 더 알기 원함은 크고도 넓은 은혜와
대속해 주신 사랑을 간절히 알기 원하네

(후렴) 내 평생의 소원 내 평생의 소원
대속해 주신 사랑을 간절히 알기 원하네

2. 성령이 스승 되셔서 진리를 가르치시고
거룩한 뜻을 깨달아 예수를 알게 하소서

3. 성령의 감화 받아서 하나님 말씀 배우니
그 말씀 한 절 한 절이 내 맘에 교훈 되도다

4. 예수가 계신 보좌는 영광에 둘려있도다
평화의 왕이 오시니 그 나라 왕성하도다

그럼 이제 여러분의 생각을 내려놓기 원하십니까? 그 자리에 예수의 생각을 모시기 원하십니까? 그런데 습관이 돼서 잘 안 됩니다. 자기 생각이 체질화돼서 잘 안 내려오려고 합니다. 무의식중에 습관처럼 자기 생각이 내려가고 예수 생각이 올라가도록 길들이기 원하는 사람은 하나님 말씀을 읽거나 설교를 들을 때 입에서 아멘! 하십시오. 아멘! 하면 쉽게 내 생각이 내려가고 말씀이 들어옵니다. 아멘의 위력이 큽니다. 입에서 아멘이

안 나오는 사람은 여전히 자기 생각을 붙잡고 있는 것입니다. 반강제로라도 입에서 아멘 하십시다. 그러면 내 이성이 내려가고 예수님 생각이 들어옵니다.

어떻게 아멘 할까요? 예배시간 전체 중에 내 아멘 소리가 가장 크게 하면 됩니다. 아멘 안 하는 사람은 이성이 체질화되어 있습니다. 잘못된 이성에다 신념이 보강 공사 되고 고집까지 입혀져 똥고집에 붙잡힙니다. 자기 이성으로부터 못 나옵니다. 이성으로부터 나오게 하십시오. 아멘 해보십시오. 아멘! 두 손 들고 아멘! 여러분은 이성으로부터 다 나왔습니다. 예수님 생각이 거기 들어갔습니다. 여러분에게 시온의 대로가 열립니다.

두 손 들고 주여~ 삼창하고 통성으로 기도합니다. 하나님, 나는 오늘 내 이성을 내려놓기 원합니다. 그리고 예수님 생각이 들어오게 해주옵소서. 하나님, 내 인생을 이끌어주세요. 주여~ 주여~ 주여~

| 담임 목회자의 마무리기도 |

살아계신 예수님, 나의 이성이 불완전하다는 것을 확실히 깨달았습니다. 이제 내 이성은 주인이 아니고 주님의 말씀을 수종하는 수종자의 자리로 내려오고 내 속에는 예수님만 들어오게 하여 주시고 예수님 생각이 머리로부터 발끝까지 우리를 온전히 사로잡게 하여 주세요. 예수님 이름으로 기도드리옵나이다.

아멘.

| 암송할 성경 말씀 |

모든 이론을 파하며 하나님 아는 것을 대적하여 높아진 것을 다 파하고 모든 생각을 사로잡아 그리스도에게 복종케 하니 (고린도후서 10장 5절)

| 질문을 통한 적용과 다짐 |

1. 오늘 들은 말씀의 제목이 무엇이었나요?

---

2. (   ) 안을 채우면서 오늘 말씀의 요점을 정리해봅시다.

(1) 내 (   )은 후회의 생산공장이다. 내 인생을 속이고 망친 전과자이다.

(2) 내 생각의 자리에 (   )를 올려놓고 내 이성은 예수의 (   )의 자리에 내려놓자.

(3) 가장 큰 후회는 죽은 후 하나님의 심판대 앞에서 한다. 후회하지 말고 살아 있는 동안 (   )를 깊이 알자.

3. (   ) 안을 채워 읽으며 기도합시다.

하나님, 나는 오늘 내 (   )을 내려놓기 원합니다. 그 자리에 (   ) 생각이 들어오게 해주옵소서. 하나님, 내 인생을 이끌어주세요. 예수님 이름으로 기도합니다. 아멘.

제5과

인간이란 무엇인가

| 학습 목표 |

인간은 짐승과 달리 영을 가지고 있습니다. 죽으면 영은 천국 아니면 지옥으로 갑니다. 가장 중요한 영을 위해 투자합시다.

사람은 살아가면서 많은 지식을 쌓아갑니다. 그런데 정작 알아야 할 자기 자신 즉 인간이란 무엇인가를 모르고 삽니다.

인간은 짐승과 달리 영이 있습니다. 짐승은 육체와 정신만 있습니다. 그러나 인간은 육체와 정신 외에 영을 가지고 있습니다. 육체와 정신의 기능 중 어떤 것은 짐승이 인간보다 뛰어납니다. 그러나 짐승이 인간보다 낫다고 말하지 않습니다. 인간 속에 있는 영 때문에 그렇습니다.

인간이 죽으면 어떻게 될까요? 육체는 원래 육체가 왔던 흙으로 돌아갑니다. 죽으면 인간의 영혼은 없어지지 않습니다. 영혼의 고향인 천국 아니면 지옥으로 가게 되어있습니다.

사람은 반드시 죽습니다. 그리고 죽음에는 순서가 없습니다. 죽는 때는 하나님만이 아시는 비밀입니다. 언제 죽느냐가 문제가 아닙니다. 젊어서 죽어도 천국에 가면 복입니다.

그러므로 우리는 언제 죽어도 우리 영혼이 천국 가도록 죄의 문제를 반드시 해결하고 살아야 합니다. 영이 전부입니다.

| 함께 읽는 성경 말씀 |

데살로니가전서 5장 23~28절

23 평강의 하나님이 친히 너희로 온전히 거룩하게 하시고 또 너희 온 영과 혼과 몸이 우리 주 예수 그리스도 강림하실 때에 흠 없게 보전되기를 원하노라

24 너희를 부르시는 이는 미쁘시니 그가 또한 이루시리라

25 형제들아 우리를 위하여 기도하라

26 거룩하게 입맞춤으로 모든 형제에게 문안하라

27 내가 주를 힘입어 너희에게 명하노니 모든 형제에게 이 편지를 읽어 들리라

28 우리 주 예수 그리스도의 은혜가 너희에게 있을찌어다

| 마음을 여는 찬송 |

찬송가 450장 <자비하신 예수여>

1. 자비하신 예수여 내가 사람 가운데

의지할 이 없으니 슬픈 자가 됩니다
맘이 어두웠으니 밝게 하여 주소서
저를 보호하시고 항상 인도하소서

2. 죄를 지은 까닭에 저의 맘이 곤하니
용서하여 주시고 쉬게 하여 주소서
천국 가고 싶으나 저의 공로 없으니
예수 공로 힘입어 천국 가게 하소서

3. 허락하심 이루어 사랑 항상 있도다
모두 이뤄 주심을 나는 믿사옵니다
구주밖에 누구를 달리 찾아보리요
복과 영생 예수니 더 원할 것 없도다

4. 거룩하신 구주여 피로 날 사셨으니
어찌 감사하온지 말로 할 수 없도다
주의 귀한 형상을 나도 입게 하시고
하늘나라 가서도 사랑하게 하소서

| 귀 쫑긋하고 듣는 성경 말씀 |

1. 인간은 짐승과 달리 영을 가지고 있습니다.

사람은 이 땅에 태어나서 너무너무 많은 것을 알고 있습니다. 유치원부터 대학원까지 공부하는 그 모든 지식, TV나 대중매체를 통해서 들어오는 지식, 말과 대화를 통해서 얻어지는 지식, 그 지식의 분량이 얼마나 많은지 모릅니다. 그러나 사람들은 정작 알아야 할 것은 모릅니다. 지식 중 가장 알아야 할 지식이 무엇입니까? 그것은 자기 자신 즉 인간이란 무엇인가 하는 지식입니다. 여기에 대해서 사람들은 깊이 알려고 하지 않습니다.

인간이란 무엇입니까? 따라 해봅시다. "인간은 영과 혼과 육으로 되어 있다." 가장 깊이에 영이 있고 그다음 영을 둘러싼 혼 즉 정신이 있고 그다음 혼을 둘러싼 육체 즉 몸이 있습니다. 이렇게 성경은 말씀합니다.

그러나 세상은 그렇게 말하지 않습니다. 인간은 육체와 정신으로 되어있다고 말합니다. 과연 그럴까요? 짐승은 어떻습니까? 짐승 역시 육체와 정신으로 되어있지 않나요? 만일 인간을 육체와 정신으로 되어있다고 말한다면 인간과 짐승은 아무 차이가 없습니다.

아닙니다. 인간은 영과 혼과 육, 영혼과 정신과 육체로 되어있습니다. 영이 바로 인간과 짐승을 구별하는 결정타입니다. 짐승은 영이 없습니다.

어떤 점에서는 짐승이 인간보다 더 뛰어난 기능을 가질 수 있습니다. 사람이 아무리 빨리 뛴들 토끼와 노루보다 빨리 뛸 수는 없습니다. 나무 오르기도 원숭이가 훨씬 잘하지요. 공항에서 마약 탐지를 하는 개의 후각을 인간이 따라갈 수 없습니다. 그렇다고 해서 육체와 정신의 어느 기능이 뛰어나다고 해서 짐승이 사람보다 낫다고 말하지 않습니다. 선천적인 정신박약아가 있습니다. 그러나 그 아이가 짐승보다 못하다고 하지 않는 이유는 그 아이가 사람이기 때문입니다. 왜 사람인가요? 그 아이에게는 짐승이 갖고 있지 않은 영이 있기 때문입니다. 영이 바로 짐승과 인간을 구분하는 결정적으로 다른 점입니다.

2. 영은 죽어서 천국 아니면 지옥으로 갑니다.

사람의 육체는 물질로 되어있습니다. 밥도 먹여줘야 하고 운동도 시켜줘야 하고 깨끗하게 샤워도 해주어야 합니다.

정신은 지식을 먹고 삽니다. 책도 읽고 학교에서 배우고 음악도 듣고 사람들과 대화도 하면서 정신이 자꾸 깨어납니다.

그러나 영은 다릅니다. 영으로부터 나타나는 현상이 양심입니다. 짐승은 양심이 없습니다. 양심을 토대로 해서 생기는 것이 법입니다. 이 법은 질서와 윤리와 도덕을 만듭니다. 이 부분은 짐승의 세계에는 없습니다. 이것을 일으키는 제일 핵심인 영이 없기 때문입니다. 따라서 합니다. "사람은 영이 있다!"

죽으면 어떻게 될까요? 흙에서 온 육체는 흙으로 돌아갑니다. 이것을 거부할 사람은 아무도 없습니다. 육체의 원래 고향은 흙이기 때문입니다. 하나님이 흙으로 사람을 만드셨기 때문입니다.

창세기 2장 7절
여호와 하나님이 흙으로 사람을 지으시고 생기를 그 코에 불어 넣으시니 사람이 생령이 된지라

문제는 영입니다. 영은 죽어서 어디로 갈까요? 영은 하나님께로부터 왔습니다. 영은 죽어서 두 곳을 찾아가게 되어있습니다. 천국 아니면 지옥으로 갑니다. 영은 절대로 없어지지 않습니다.

그것은 육체도 마찬가지입니다. 죽어서 다른 형태가 되는 것입니다. 질량 불변의 법칙입니다. 따라서 합니다. "한번 존재한 것은 없어지지 않는다. 다만 형태가 바뀔 뿐이다."

냉동고에서 얼음을 꺼내서 끓이면 물이 없어집니다. 없어지는 것이 아니라 공기 중으로 날아가는 것이죠. 에어컨을 틀면 공기로 변한 물이 바로 물로 나옵니다. 이 물을 다시 냉동고에 넣고 얼리면 얼음이 됩니다. 마찬가지로 인간의 육체도 없어지지 않습니다. 다른 형태의 물질로 바뀔 뿐입니다. 화장을 하면 재와 연기로 바뀌는 것입니다.

하물며 영은 절대 없어지지 않습니다. 영은 천국 아니면 지옥에 가게 되어있습니다. 그러므로 우리는 영 관리를 잘해야 합니다. 이 땅에 있으면서 예수 그리스도의 피로 죄 문제가 해결된 사람은 죽으면 천국 가고, 해결되지 않은 사람은 죽으면 지옥 불에 들어갑니다. 교회 다니는 제일의 목적은 바로 천국 가는 것입니다. 영혼의 고향은 천국과 지옥입니다. 오늘 당장 죽어도 천국 가도록 여러분 모두 죄의 문제를 해결하고 살아야 합니다.

죽지 않는 사람은 아무도 없습니다. 태어남과 동시에 무덤이 하나 생기는 것입니다. 죽음을 피할 길이 없고 죽음에는 순서도 없습니다. 죽는 날은 하나님만 가지고 있는 비밀입니다.

사람들은 멍하게 살아갑니다. 안 죽을 줄 착각하고 삽니다. 또 죽음에는 순서가 없습니다. 사람은 언제 죽느냐가 문제 아닙니다. 죽어서 어디를 가느냐가 문제입니다. 젊어서 죽어도 천국을 가면 복입니다.

<허사가>를 함께 부르겠습니다. <허사가>는 옛날 일제시대 때 어른들이 지은 노래입니다. 살아보니까 이렇더라는 노래입니다.

<허사가>

1. 세상만사 살피니 참 헛되구나
부귀공명 장수는 무엇하리오
고대광실 높은 집 문전옥답도
우리 한 번 죽으면 일장의 춘몽

2. 인생 일귀 북망산 불귀객 되니
일배 황토 가련코 가이 없구나
솔로몬의 큰 영광 옛말이 되니
부귀영화 어디 가 자랑해 볼까

3. 주초 중에 만월대 영웅의 자취
석양천에 지닌 객 회고의 눈물
반월 산성 무너져 여우집 되고
자고새가 울 줄을 뉘 알았으랴

4. 인생 백 년 산대도 슬픈 탄식뿐
우리 생명 무엔가 운무로구나
그 헛됨은 그림자 지남 같으니
부생낭사 헛되고 또 헛되구나

5. 홍안소년 미인들아 자랑치말라
영웅호걸 열사들아 뽐내지마라
유수같은 세월은 널 재촉하고
저 적막한 공동묘지 널 기다린다

6. 한강수는 흘러흘러 쉬지 않건만
무정하다 이 인생 가면 못 오네
서시라도 고소대 한번 간 후에
소식조차 막연해 물거품이라

7. 년년춘색 오건만 어이타 인생
한 번 가고 못 오니 한이로구나
금일 향원 노든 객 내일 아침에
청산매골 마른 뼈 한심하구나

8. 요단강물 거스릴 용사 있으며
서산 낙일 지는 해 막을 자 있나
하루 가고 이틀 가 홍안이 늙어
슬프도다 죽는 길 뉘 면할소냐

9. 토지 많아 무엇 해 나 죽은 후에
삼척광중 일장지 넉넉하오니
의복 많아 무엇 해 나 떠나갈 때
수의 한 벌 관 한 개 족하지 않나

10. 땀 흘리고 애를 써 모아 논 재물
안고 가고 지고 가나 헛수고로다

빈 손 들고 왔으니 또한 이같이
빈 손 들고 갈 것이 명백치 않나

11. 모든 육체 풀같이 썩어 버리고
그의 영광 꽃같이 쇠잔하리라
모든 학문 지식도 그러하리니
인간 일생 경영이 바람잡이뿐

12. 우리 희망 무엔가 뜬 세상 영화
분토 같이 버리고 주님 따라가
천국 낙원 영광중 평화의 생애
영원무궁하도록 누리리로다

아멘. 할렐루야. 인생을 살아본 사람들이 만든 노래입니다. 살아보니 별거 없더라는 것이죠. 결국 마지막 종착점은 어디인가? 무덤이라는 것입니다. 육체는 결국 무덤으로 갑니다.

그러나 우리가 한 가지 알아야 할 것은 영혼입니다. 영혼은 무덤에 갇히지 않습니다. 영혼은 천국 아니면 지옥으로 갑니다. 천국에 가려면 죄의 문제를 해결해야 합니다. 다음 주에 이 죄의 문제를 다루겠습니다. 우리는 다 죄의 문제를 해결해 놓고 살아야 합니다.

사람이 죽으면 정말 인간의 영혼이 천국, 지옥으로 갈까, 과연 인간 속에 영혼이 있을까, 이 문제에 관해서 미국의 시사 잡지 리더스 다이제스트(Reader's Digest)가 있습니다. 이 잡지에 일 년 중에 항상 빠지지 않는 제목이 있습니다. "사후의 세계"입니다. 죽음 후에 과연 영혼이 있을까를 다룹니다. 올해 안에 죽었다가 깨어난 사람들을 신고하라고 전 세계의 정신과 의사, 외과 의사, 수술 의사 등에게 연락합니다. 그래서 인터뷰하러 갑니다. 그렇게 모아서 정리했더니 공통점이 하나 있습니다. 사람이 죽으니까 갑자기 어두운 터널을 지나가더라는 것입니다.

이게 성경적입니다. 성경은 지구와 하나님 나라 사이를 공중 권세 잡은 자 곧 사단 마귀가 지배하는 영역이라고 합니다. 죽으니까 어둡고 캄캄한 터널을 지나갔다는 공동경험을 한 것입니다. 이것은 짜고 말한 것이 아닙니다. 서로서로 모르는 사이인데도 죽음의 경험을 똑같이 말합니다. "어두운 터널을 통과한다." 그리고 어두운 터널을 지나니까 광명한 빛이 압도하며 광명한 빛이 비치는 세계가 있다고 입을 모아 말합니다. 그게 바로 천국입니다. 그 빛 속에 딱 들어가니까 태어나면서부터 내가 조금 전 기절하기 전까지 잘못한 모든 죄가 드러나더라는 것입니다. 어떤 사람은 거기서 더 간 사람도 있고 어떤 사람은 거기까지 간 사람도 있습니다. 그러나 죽었다가 깨어난 사람 중에 이 말 한 사람은 아무도 없다는 것입니다. "죽어보니 아무것도 없더라" 이렇게 말한 사람은 한 사람도 없습니다.

보세요. 성경이 아니더래도 사후의 세계는 있는 것입니다. 인간 자신 속에서 이미 증명합니다. 사랑하는 가족과 부모 누가 죽으면 장례식장에 와서 처음 이렇게 말합니다. "거기서 만나, 거기서 만나." 물론 예수 믿는 사람은 "천국에서 만나보자" 하고 찬송을 부릅니다. 그러나 믿지 않는 사람도 "거기서 만나자"고 말합니다. 인간이 이중인격입니다. 사후세계를 부정하는 사람도 이렇게 말하는 것입니다. 우리는 다 천국에서 만나야 합니다. 〈천국에서 만나보자〉를 한 번 불러보겠습니다.

찬송가 293장 <천국에서 만나보자>

1. 천국에서 만나보자 그날 아침 거기서
순례자여 예비하라 늦어지지 않도록

(후렴) 만나보자 만나보자 저기 뵈는 저 천국 문에서
만나보자 만나보자 그 날 아침 그 문에서 만나자

2. 너의 등불 밝혀 있나 기다린다 신랑이
천국 문에 이를 때에 그가 반겨 맞으리

3. 기다리던 성도들과 그 문에서 만날 때
참 즐거운 우리 모임 그 얼마나 기쁘랴

아멘. 아멘. 죽을 때 임종의 복을 받으시기를 축복합니다. 마지막 죽을 때 하늘나라를 확신하고 송별 잔치 다 하고 예배 다

드리고 앉아서 인사합시다. “여러분, 내가 먼저 갑니다. 내가 하늘나라 가서 기도할 테니까 절대 세상에서 엉망으로 살지 말고 주님 뜻대로 잘 살아서 꼭 천국에서 만나요. 안녕”하고 탁 누워서 죽어야 합니다.

한 시대의 위대한 삶을 살았던 주의 종들은 죽을 때 모습이 다릅니다. 마지막 한 말이 아주 중요합니다. 신앙의 전체 결산입니다. 여러분은 뭐라고 말하시겠습니까? 무디는 이렇게 말했습니다. “하늘이 열리는구나. 땅이 꺼지는구나.” 하늘이 열리는 환상을 본 것입니다.

우리는 죽을 때 뭐라고 말하고 죽을까요? <내 본향 가는 길> 장례식 노래를 한 번 불러보겠습니다.

찬송가 292장 <내 본향 가는 길>

1. 내 본향 가는 길 보이도다
인생의 갈 길을 다 달리고
땅 위의 수고를 그치라 하시니
내 앞에 남은 일 오직 저 길

2. 주 예수 예비한 저 새 집은
영원히 영원히 빛나는 집
거기서 성도들 즐거운 노래로
사랑의 구주를 길이 찬송

3. 평생에 행한 일 돌아보니
못다 한 일 많아 부끄럽네
아버지 사랑이 날 용납하시고
생명의 면류관 주시리라

아멘. 이 노래를 기쁨으로 부르고 갑시다. 사람의 영혼은 없어지지 않습니다. 천국 아니면 지옥으로 갑니다. 여러분들은 최소한 지옥으로 가면 안 됩니다. 세상 사람들도 이렇게 희미하지만 사후세계가 있다는 것을 그리고 있습니다.

3. 인간 속에 있는 영이 전부입니다.

또 리더스 다이제스트는 뭐라고 하나요? 과학자들이 마지막 죽어가는 사람을 큰 저울 위에 올려놓고 관찰했습니다. 죽어가는 사람이 숨을 쉬면 몸의 수분이 마르면서 몸무게가 서서히 줄어갑니다. 그러다가 영혼이 떠나는 순간에 저울이 딱 떨어지고 그 후에 움직이지 않더라는 것입니다. 영혼의 무게가 0.5g이 갑자기 딱 떨어진다는 것입니다. 이렇게 임상실험을 해서 과학자들은 인간 속에는 영혼이 있다고 말합니다.

인간 속에 영혼이 있다, 없다 하는 논쟁 속에 없다고 하기가 훨씬 힘듭니다. 있다고 하기가 훨씬 쉽습니다. 사실이니까요.

인간 속에 있는 영의 가치를 쉽게 생각하지 마시기 바랍니다. 어떤 의미에서 인간 속에 있는 영혼이 전체라는 것을 믿으시기 바랍니다. 영혼의 가치가 전체입니다. 언젠가 우리는 하늘나라를 가야 하는 것입니다.

마지막으로 인간의 구조는 마치 나무와도 같습니다. 나무는 숲이 있고 기둥이 있고 땅속에 보이지 않는 뿌리가 있습니다. 나무로 말하면 이 제일 위에 있는 무성한 숲에 해당하는 것이 인간의 육체입니다. 잘 보입니다. 기둥은 인간의 정신과 같습니다. 그러나 보이지 않는 뿌리는 인간의 영과 같습니다. 뿌리는 안 보여도 있습니다. 그와 같이 인간 속에 있는 영도 안 보여도 있습니다.

뿌리가 안 보인다고 우습게 생각하면 안 됩니다. 가지 얼마가 잘려도 그 나무는 삽니다. 교통사고 나서 팔이나 다리 한쪽을 잃어도 그 사람은 삽니다. 그러나 뿌리에 벌레가 들어가서 뿌리가 서서히 죽으면 위에 있는 것도 자동으로 죽습니다. 그와 같이 내 속에 있는 영혼이 그렇게 중요합니다. 〈내 영혼이 은총 입어〉를 부르고 기도하겠습니다.

| 결단의 찬송 |

찬송가 495장 <내 영혼이 은총 입어>

1. 내 영혼이 은총 입어 중한 죄 짐 벗고 보니
슬픔 많은 이 세상도 천국으로 화하도다

(후렴) 할렐루야 찬양하세 내 모든 죄 사함 받고
주 예수와 동행하니 그 어디나 하늘나라

2. 주의 얼굴 뵙기 전에 멀리 뵈던 하늘나라
내 맘속에 이뤄지니 날로 날로 가깝도다

3. 높은 산이 거친 들이 초막이나 궁궐이나
내 주 예수 모신 곳이 그 어디나 하늘나라

분명히 하나님의 나라가 있습니다. 내 영혼도 결국 죽으면 거기에 갈 것입니다. 하나님, 내 속에 있는 내 영혼을 관리를 잘하게 하여 주시고 거듭나고 구원받고 언제 어느 시 어디에서 죽어도 바로 하나님 나라 갈 수 있도록 해주세요. 주여~ 삼창하며 기도하겠습니다. 주여~ 주여~ 주여~

| 담임 목회자를 따라서 하는 영접기도 |

살아계신 예수님, 저는 죄인입니다. 오늘 교회에 와서 말씀을 듣고 영원의 세계가 있다는 걸 알았습니다. 저의 죄를 씻어주시고 구원받게 하여 주시고 하나님의 자녀 삼아주세요. 예수님 이름으로 기도하옵나이다. 아멘.

| 암송할 성경 말씀 |

평강의 하나님이 친히 너희로 온전히 거룩하게 하시고 또 너희 온 영과 혼과 몸이 우리 주 예수 그리스도 강림하실 때에 흠 없게 보존되기를 원하노라 (데살로니가전서 5장 23절)

| 질문을 통한 적용과 다짐 |

1. 오늘 들은 말씀의 제목이 무엇이었나요?

---

2. (　　) 안을 채우면서 오늘 말씀의 요점을 정리해봅시다.

(1) 인간은 짐승과 달리 (　　)을 가지고 있다.

(2) 영은 죽어서 (　　) 아니면 (　　)으로 간다.

(3) 인간 속에 있는 (　　)이 전부이다.

3. (　　) 안을 채워 읽으며 기도합시다.

살아계신 예수님, 저는 죄인입니다. 우리가 죽어도 (　　)은 없어지지 않고 영원의 세계에 간다는 것을 알았습니다. 저의 죄를 씻어주시고 죽은 후에 (　　) 가게 해주세요. 예수님 이름으로 기도합니다. 아멘.

제6과

죄란 무엇인가

| 학습 목표 |

교회는 죄의 바이러스를 박멸하는 보혈 백신을 맞는 곳입니다. 예수 보혈의 능력과 혜택을 감사함으로 받아들여 죄의 문제를 해결합시다.

성경은 두 가지 죄가 있다고 말합니다. 원죄와 자범죄입니다. 원죄는 아담과 하와 이후 계속해서 이어진 조상과 부모의 죄가 내게 전가된 것입니다. 자범죄는 태어나서 내가 지은 죄입니다. 사람은 죄의 바이러스(virus)에 감염되어 태어납니다. 보균 기간이 다를 뿐 죄의 바이러스는 반드시 발동하게 되어있습니다.

죄의 바이러스를 퇴치할 유일한 방법은 예수의 보혈 백신을 맞는 것입니다. 교회는 바로 예수 보혈의 백신을 맞는 곳입니다. 길에 다니는 사람들, 예수 믿지 않는 사람들, 그들은 다 멀쩡한 것 같아도 결국 그 속에 있는 죄의 균이 발동하여 고난과 재난을 당하게 됩니다. 하나님의 심판대 앞에서 돌이킬 수 없이 후회하게 됩니다. 불쌍합니다. 그들도 보혈의 백신을 맞도록 전도해야 합니다. 복음의 이기주의자가 되지 말고 전도합시다.

예수 보혈의 효과를 인정하는 자만 보혈의 혜택을 누립니다. 지금 예수 보혈의 능력과 혜택을 감사함으로 받아들여 죄의 문제를 해결하고 삽시다.

| 함께 읽는 성경 말씀 |

로마서 3장 10~18절

10 기록한 바 의인은 없나니 하나도 없으며

11 깨닫는 자도 없고 하나님을 찾는 자도 없고

12 다 치우쳐 한가지로 무익하게 되고 선을 행하는 자는 없나니 하나도 없도다

13 저희 목구멍은 열린 무덤이요 그 혀로는 속임을 베풀며 그 입술에는 독사의 독이 있고

14 그 입에는 저주와 악독이 가득하고

15 그 발은 피 흘리는 데 빠른지라

16 파멸과 고생이 그 길에 있어

17 평강의 길을 알지 못하였고

18 저희 눈앞에 하나님을 두려워함이 없느니라 함과 같으니라

| 마음을 여는 찬송 |

<나의 힘이 되신 여호와여>

1. 나의 힘이 되신 여호와여 내가 주님을 사랑합니다
주는 나의 반석이시며 나의 요새시라
주는 나를 건지시는 나의 주 나의 하나님
나의 피할 바위시요 나의 방패시라
나의 하나님 나의 하나님
구원의 뿔이시요 나의 산성이라
나의 하나님 나의 하나님
그는 나의 여호와 나의 구세주

2 나의 생명이신 여호와여 내가 주님을 찬양합니다
주는 나의 사랑이시며 나의 의지시라
주는 나를 이끄시어 주의 길 인도하시며
나의 생의 목자 되시니 내가 따르리라
나의 하나님 나의 하나님
생명의 면류관으로 내게 씌우소서
나의 하나님 나의 하나님
그는 나의 여호와 나의 구세주

| 귀 쫑긋하고 듣는 성경 말씀 |

1. 죄의 불치병 바이러스에 감염된 채 태어나는 인간

이 땅에 죄는 두 가지라고 성경은 말씀합니다. 하나는 원죄입니다. 원죄는 내가 이 세상에 태어나기 전에 조상과 부모가 지은 죄가 나에게 유전하는 유전적 죄입니다. 내가 짓지 않았으나 조상과 부모로부터 나에게 전가되는 죄입니다. 또 하나의 죄는 자범죄입니다. 자범죄는 자기가 이 땅에 태어나서 실제로 지은 죄입니다. 자기가 책임을 져야 합니다.

죄는 세균과 비슷합니다. 세균은 사람 속에 들어가 병을 일으킵니다. 마찬가지로 죄는 사람 속에 들어와 인간을 파괴하고 망가뜨리고 우습게 만듭니다. 오늘 우리는 다 죄의 문제를 해결합시다.

내가 안지은 죄, 아담과 하와로부터 이어지는, 내가 태어나기 전까지 이어진, 조상들의 죄가 누덕누덕 붙어서 흠도 없고 티도 없이 태어나는 나에게 전가되는 것이 바로 원죄입니다. 부모로부터 조상으로부터 전가되는 죄가 있습니다. 부모가 바람 피면 자식도 바람 핍니다. 원죄라는 것이 분명히 있습니다.

자범죄는 어떨까요? 우리는 엄마 뱃속에서부터 죄를 짓습니다.

엄마 뱃속에서 엄마 배를 발로 찬 것, 남자애일까 여자애일까 걱정시킨 것, 태어날 때 빽~ 하고 울어서 옆 사람을 시끄럽게 한 것, 이것이 다 죄입니다. 인간은 죄의 구덩이에 빠져 있습니다. 죄를 먹고 마시며 사는 것이 인간입니다.

죄는 세균과 같습니다. 세균이 사람 속에 들어오면 처음에는 보균 기간이 있습니다. 보균 환자입니다. 그동안에는 현상이 나타나지 않습니다. 예를 들어 감기는 7일 정도가 보균 기간입니다. 그 뒤에 현상이 나타납니다. 어떤 암은 1~2년이 보균 기간입니다. 그전에는 현상이 나타나지 않습니다.

죄가 이와 같습니다. 종류별로 사람별로 보균 기간이 다 다릅니다. 그러나 그 죄는 틀림없이 발동하게 되어있습니다. 죄는 에이즈(AIDS)와 같습니다. 부모가 에이즈 환자면 그 아이는 태어나면서 그 속에 에이즈 균을 가지고 태어납니다. 에이즈 환자들이 아이를 낳으면 당장 그 아이에게 표시 나는 것이 아닙니다. 다른 아이들과 똑같이 예쁩니다. 흠도 티도 없습니다. 그러나 그 아이 속에는 에이즈 균이 있습니다. 7년이 지나면 빨간 반점이 나타나고 점점 무기력하게 되고 결국 이 아이는 죽고 맙니다.

그와 같이 죄도 사람 속에 들어와서 당장 무슨 문제를 일으키지 않아도 때가 되면 반드시 증상으로 나타납니다. 우연은 없습니다. 우리에게 일어나는 모든 사고는 자기의 죄 아니면 부모의 죄가 나타난 것입니다. 삼대 만에 나타나는 죄도 있습니다. 어느 날 갑자기 중고등학생이 자살해 죽습니다. 그 아이가 자살해 죽는 것 같지만 아닙니다. 다 뒤에 영적인 배경이 있는 것입니다. 위에서부터 삼대 내려와서 삼대 만에 이런 현상을 일으킨 것입니다. 그러므로 우리는 죄를 덜 짓는 게 좋습니다. 옆 사람 손 잡고 해봅시다. "죄짓지 맙시다. 져도 덜 집시다."

죄는 언젠가는 발작을 일으킵니다. 언젠가는 발동을 일으킵니다. 언젠가는 현상을 일으킵니다. 죄는 우리 속에 들어와서는 안 됩니다. 그러나 죄는 우리 속에 이미 들어왔습니다. 태어나기 전에 이미 들어왔습니다. 우리는 다 영적인 에이즈 환자와 같습니다. 우리는 다 죄의 영적인 에이즈 환자로 태어납니다.

2. 보혈의 백신을 맞는 곳, 교회

이미 균이 들어온 사람은 어떻게 되나요? 에이즈에 걸린 사람은 다 죽게 됩니다. 그런데 몇 해 전에 미국의 어떤 의과대학 교수가 에이즈 균을 없애는 백신을 개발했습니다. 다행입니다. 주사 맞으면 에이즈 균이 죽어서 치료받을 수 있다는 것입니다.

오늘 우리도 죄의 세균을 퇴치해야 합니다. 예수님의 보혈의 백신을 맞아야 합니다. 죄는 다른 어떤 것도 해결할 수 없습니다. 예수 그리스도가 가지고 있는 보혈의 백신을 맞아야 우리 속에 있는 죄의 모든 바이러스가 죽습니다. 물러갑니다. 그래서 우리는 죄의 문제를 해결하고 사는 것이 좋습니다. 죄의 문제를 해결하지 않으면 이 세상에 사는 동안 보균 기간이 지난 후에 반드시 현상이 나타나게 되어있습니다. 육체적으로 정신적으로 환경적으로 이렇게 우리 모든 삶 속에 죄의 현상이 나타납니다. 죄는 다 해결 받아야 합니다. 죄의 문제를 해결합시다. 죄에 대한 예수님의 보혈의 백신을 맞읍시다. '주의 보혈 능력 있도다'를 부르겠습니다.

찬송가 202장 <죄에서 자유를 얻게 함은>

1. 죄에서 자유를 얻게 함은 보혈의 능력 주의 보혈
시험을 이기는 승리 되니 참 놀라운 능력이로다

(후렴) 주의 보혈 능력 있도다 주의 피 믿으오
주의 보혈 그 어린 양의 매우 귀중한 피로다

2. 육체의 정욕을 이길 힘은 보혈의 능력 주의 보혈
정결한 마음을 얻게 하니 참 놀라운 능력이로다

3. 눈보다 더 희게 맑히는 것 보혈의 능력 주의 보혈
부정한 모든 것 맑히시니 참 놀라운 능력이로다

4. 구주의 복음을 전할 제목 보혈의 능력 주의 보혈
날마다 나에게 찬송 주니 참 놀라운 능력이로다

우리 죄의 문제를 해결합시다. 한번 상상해 보세요. 어린애가 태어났습니다. 얼마나 예쁩니까? 그렇게 예쁜 어린 아기가 그 핏속에 에이즈 균이 들어갔다고 생각해 보세요. 그 아이는 자기 속에 에이즈 균이 있는 것을 알까요? 모릅니다. 얼마나 불쌍합니까?

바로 우리가 죄에 감염되어서 태어난 것입니다. 여러분, 확실히 알고 계십니까? 에이즈 균보다 몇천만 배 더 위험한 죄의 균에 감염된 채 태어났습니다.

어떤 죄의 균은 잘 관리하면 무덤에 갈 때까지 그것이 발작하지 않을 수 있습니다. 그러나 문제는 사람 속에 한 번 들어온 죄의 균은 무덤 건너편 하나님의 심판대 앞에 가면 다 드러납니다. 큰일 나버립니다. 그러니 오늘 예수님의 백신을 맞아야 합니다. 보혈의 백신을 맞아야 합니다. 그래야 하나님이 "너는 죄가 없다, 한 번도 죄를 지은 일이 없다"하고 선언하십니다. 그럴려면 예수님의 보혈 백신을 맞아야 합니다. 교회는 예수의 보혈 백신을 맞는 곳입니다.

에이즈 걸렸다, 그런데 주사 한 방 맞으면 에이즈 균이 싹 없어진다, 얼마나 기쁜 일입니까? 암 걸렸다, 그런데 주사 한 방 맞으면 암세포가 싹 없어진다, 얼마나 감사합니까?

주님의 보혈 백신의 필요성을 확실히 알려면 자신이 죄의 균에 걸렸음을 확실히 알아야 합니다. 보균 기간이 끝나면 발작하게 되어있습니다. 발동하기 전에 그날이 오기 전에 보혈 백신을 맞고 해결해야 합니다. 꼭 사고가 나야 합니까? 꼭 재난이 닥쳐야 합니까? 사람 속에 죄가 들어가면 언젠가는 발동하게 되어있습니다. 그날이 오기 전에 해결해야 합니다. 여러분, 죄 졌나요, 안 졌나요? 조금 졌나요, 많이 졌나요?

죄를 인정해야 보혈 백신 맞을 필요성을 느낍니다. 예수의 보혈을 붙잡아야 합니다. 괜찮다고요? 아무 일도 안 일어난다고요? 잘 된다고요? 죄짓고도 잘 되는 건 보균 기간이기 때문입니다. 보균 환자는 큰 소리 쳐봤자 소용없습니다. 그날이 오기 전에 오늘 해결해야 합니다. 따라서 합니다. "그날이 오기 전에." 그날이 오기 전에 오늘 해결합시다.

주님은 죄의 문제를 해결하기 위해 가장 좋은 보혈의 주사를 예비하고 계십니다. 2천 년 전에 십자가에서 흘린 보혈 주사를 준비하고 계십니다. 거절하지 말고, 하나님의 사랑을 무시 말고, 보혈 주사를 맞아야 합니다. 죄를 많이 지어서 지옥 가는 것이 아닙니다. 하나님의 사랑을 거부하고 보혈 주사를 거부하여 지옥 갑니다. 하나님의 사랑을 거역 말고, "주여, 감사합니다." 눈물로써 감격하여 받아들여야 합니다. '최후 승리를 얻기까지' 찬양하겠습니다.

찬송가 135장 <갈보리 산 위에>

1. 갈보리 산 위에 십자가 섰으니 주가 고난을 당한 표라
험한 십자가를 내가 사랑함은
주가 보혈을 흘림일세

(후렴) 최후 승리를 얻기까지 주의 십자가 사랑하리
빛난 면류관 받기까지 험한 십자가 붙들겠네

2. 멸시함을 받은 주의 십자가에 나의 마음이 끌리도다
귀한 어린양이 영광 다 버리고
험한 십자가 지셨도다

3. 험한 십자가에 주가 흘린 피를 믿는 맘으로 바라보니
나를 용서하고 내 죄 사하시려
주가 흘리신 보혈일세

4. 주가 예비하신 나의 본향 집에 나를 부르실 그 날까지
험한 십자가를 항상 달게 지고
내가 죽도록 충성하리

우리가 이 말씀을 확실히 알았다면 이제 밖에 나가서 길 가는 사람들, 저 구원 받지 못한 사람들을 보는 눈이 달라집니다. 죄의 바이러스가 들어간 사람들을 불쌍히 여기게 됩니다. 지금 당장 괜찮다고 그냥 사는 사람들, 얼마나 불쌍합니까? 하나님의 심판대 앞에 서버리면 돌이킬 수 없는 사건이 일어납니다. 그러

므로 전도합시다. 복음을 전하지 않는 자는 극단적인 이기주의자입니다. 복음의 이기주의자가 되지 말고 전도합시다. 보혈 백신을 맞힙시다. 지옥 가도록 버려두지 말고 전도합시다. 그리고 또 죽기 전에 이 땅에서도 현상이 일어납니다. 보혈 주사를 맞혀서 다 죄의 문제를 해결 받게 합시다. 하나님의 사랑을 전달해봅시다.

3. 예수 보혈의 능력과 혜택을 감사함으로 받아들여 죄의 문제를 해결합시다.

예수 보혈 백신을 맞고 죽은 사람에게 무슨 일이 일어나나요? 자기가 지옥 가지 않고 천당 간 것에 놀랍니다. 자기가 지은 죄를 자기가 아는데 구원받았다는 사실에 놀랍니다. “너는 죄가 하나도 없다”고 말씀하시는 것에 놀랍니다. 이런 일이 일어나기를 바랍니다.

예수 보혈의 피를 의지하고 예수 보혈을 불렀는데 어떻게 죄의 문제가 해결될까요? 원죄도 자범죄도 다 해결될까요?

예를 들어봅시다. 보험제도를 통해 설명해봅시다. 어떤 여자가 쌍둥이를 임신했습니다. 배가 너무 불러 혹시 애 낳다가 죽을까 걱정이 돼서 100억짜리 보험을 들었습니다. 한 아이 당 50억

씩 돌아가도록요. 그런데 애 낳다가 엄마가 죽었습니다. 보험 든 100억은 누구 것인가요? 쌍둥이 것입니다. 그런데 쌍둥이는 엄마가 보험 든 것을 보지 못했습니다.

예수님이 2천 년 전에 십자가에서 보험을 들어놓으셨습니다. 하나님 앞에요. "하나님, 내가 십자가에 피 흘려 죽을 테니까, 앞으로 모든 인간이 어떤 죄를 지어도, 내가 피를 흘려서 죽는 것을 인정하고 이것의 혜택을 보기를 원하는 자는 다 적용해 주세요." 예수님이 십자가에서 죄에 대해서 보험을 들어놓았습니다. 그리고 십자가에서 피 흘려 죽으셨습니다. 할렐루야.

예수님은 원래 죄가 없는 분입니다. 두 가지 죄가 다 없습니다. 원죄도 없고 자범죄도 없습니다. 주님은 한 번도 죄를 지은 적도 없는 분인데 왜 예수가 죽었나요? 여러분과 저를 위해 죽으셨습니다.

그러나 우리는 예수가 죽는 것을 본 적이 없습니다. 쌍둥이가 엄마가 보험 든 것을 못 본 것처럼 우리도 예수님이 십자가에 어떻게 죽으신 것을 본 적이 없습니다. 그러나 혜택은 엄마 뱃속에 든 쌍둥이에게 가는 것처럼 2천 년 전에 죽으신 예수의 피가 그 혜택은 우리에게 오게 되어있습니다. 우리에게 그 피의 혜택이 오게 되어있습니다. 그래서 보혈이 능력이 있는 것입니다. 쌍둥이가 엄마에게 감사하는 것처럼 우리는 예수 보혈에 대해 감사해야 합니다.

쌍둥이 아기가 할머니 손에 크면서 엄마가 보험 든 그 혜택을 모르는 것처럼 교회에 처음 나온 사람은 예수 보혈의 혜택을 잘 모릅니다. 한참 교회 다녀야 알게 됩니다. 초등학생쯤 되었을 때 할머니가 엄마가 든 보험 얘기를 계속해주면 쌍둥이는 '아! 그럴 수도 있겠다.' 하고 생각합니다. 우리도 마찬가지입니다. 1~2년 교회에 다니다 보면 십자가가 서서히 깨달아집니다.

주민등록증이 나오는 19살이 되었을 때, 보험회사에서 전화가 옵니다. 와서 싸인 하고 돈을 찾아가라고 합니다. 한 쌍둥이는 "아, 할머니한테 들었어요. 싸인 할께요." 하고 50억을 찾아가서 돈의 효과를 톡톡히 누리고 삽니다. 그런데 다른 한 쌍둥이는 받아들이지 않습니다. "아저씨, 농담해요?"라며 싸인 하기를 거부합니다. 엄마가 든 보험을 인정하지 않는 그 아이는 자기 돈을 받지도 누리지도 못합니다.

마찬가지로 우리가 예수 보혈의 효과를 받아들이기만 하면 그 혜택이 우리에게 돌아옵니다. 하나님이 보실 때 죄의 차이는 별로 없습니다. 누가 지옥 가나요? 죄를 많이 지어서 지옥 가는 것이 아닙니다. 죄를 위해 대책을 세워놓으신 예수의 십자가를 거부해서, 하나님의 사랑을 거부해서 지옥 가는 것입니다.

누구나 다 죄인입니다. 나도 죄인, 너도 죄인, 죄인 아닌 사람이 없습니다. 죄가 일반화된 이런 상황에서 하나님의 사랑을 겸손히 받아들이는 자는 죄의 문제가 해결됩니다. 그러나 거부하는 자는 지옥 갑니다.

"지금 당장은 별문제가 없으니 나는 지금은 괜찮아요" 하면서 나중으로 미루는 것도 어리석습니다. 지금 받아들이는 게 좋습니다. 지금 주사를 맞는 게 좋습니다. 따라서 합니다. "주여, 예수님의 피로 내 죄를 씻어주옵소서."

그럼 하나님은 어느 정도로 죄를 용서하시나요? 성경에 보면, 하나님은 흔적도 없이, 한 번도 죄를 안지은 사람처럼 돌이키십니다. 주의 보혈은 능력이 있습니다. 함께 부릅니다. "주의 보혈 능력 있도다 주의 피 믿으오 주의 보혈 그 어린 양의 매우 귀중한 피로다."

두 손을 높이 들고 주여~ 세 번 부르고 기도합니다. "주님, 나도 주님 보혈의 백신을 맞기 원합니다. 2천 년 전에 주님이 피 흘려 죽은 것을 나는 본 적은 없지만, 나는 그때 그 자리에 없었지만, 부모가 나 태어나기 전에 보험을 들어놓은 것처럼 예수님이 내가 죄인으로 태어날 줄 미리 아시고 이미 십자가에서 피를 흘리셨사오니 예수님의 피로 나를 정하게 하여 주세요." 주여~ 하고 불러봅시다. 주여~ 그러면 주님 보혈의 백신이 나를 덮어

주십니다. 우리 주여~ 삼창하고 통성으로 기도하겠습니다. 주여~ 주여~ 주여~

| 결단의 찬송 |

찬송가 337장 <인애하신 구세주여>

1. 인애하신 구세주여 내 말 들으사
죄인 오라 하실 때에 날 부르소서

(후렴) 주여 주여 내 말 들으사
죄인 오라 하실 때에 날 부르소서

2. 자비하신 보좌 앞에 꿇어 엎드려
자복하고 회개하니 믿음 주소서

3. 주의 공로 의지하여 주께 가오니
상한 맘을 고치시고 구원하소서

4. 만복 근원 예수시여 위로하소서
우리 주와 같으신 이 어디 있을까

| 담임 목회자의 마무리기도 |

살아계신 예수님, 죄인 된 우리를 위하여 하나님이 예비 대책을 세워주셨음을 감사합니다. 2천 년 전 예수님이 이 땅에 오셔서 십자가에 피 흘려 죽으심으로 나의 죄의 문제를 해결하여 주셨사오니 우리는 오늘 그 혜택을 보기를 원합니다. 누구든지 주의 이름을 부르는 자는 주님이 그 보혈의 혜택을 주신다고 했사오니 오늘 부르짖어 기도하는 모든 성도들 위에 머리부터 발끝까지 모든 죄의 세력은 물러가게 하여 주시고 죄는 다 떠나가게 하여 주시고 성령으로 덮어주세요. 예수님 이름으로 기도드리옵나이다. 아멘.

| 암송할 성경 말씀 |

모든 사람이 죄를 범하였으매 하나님의 영광에 이르지 못하더니 (로마서 3장 23절)

| 질문을 통한 적용과 다짐 |

1. 오늘 들은 말씀의 제목이 무엇이었나요?

---

2. (　　) 안을 채우면서 오늘 말씀의 요점을 정리해봅시다.

(1) 인간은 (　　)의 바이러스에 감염된 채 태어난다.

(2) 죄의 바이러스를 박멸하는 유일한 방법은 예수 (　　)의 백신을 맞는 것이다.

(3) 예수 보혈의 능력과 혜택을 (　　)함으로 받아들여 죄의 문제를 해결하자.

3. (　　) 안을 채워 읽으며 기도합시다.

주님, 나도 주님 (　　)의 백신을 맞기 원합니다. 2천 년 전에 주님이 피 흘려 죽은 것을 나는 본 적은 없지만, 나는 그때 그 자리에 없었지만, 예수님이 내가 죄인으로 태어날 줄 미리 아시고 이미 (　　)에서 피를 흘리셨사오니 예수님의 피로 나를 정하게 하여 주세요. 예수님 이름으로 기도합니다. 아멘.

제7과

사람 속에는 무엇이 살고 있는가

| 학습 목표 |

마음속에 예수를 모시어 사단을 몰아냅시다. 신앙생활은 변화입니다. 이 땅에서 삼위일체 하나님 모시고 천국 생활하다가 죽어서도 하늘나라 갑시다.

사람 속에는 누가 사나요? 죄가 삽니다. 교만의 공작새, 음란의 염소, 탐욕의 돼지, 게으름의 거북이, 거짓말의 뱀, 포학의 사자, 더러움의 개구리라는 죄가 삽니다. 이 죄의 속성들을 이끄는 총 대장은 바로 사단입니다.

사단을 어떻게 몰아낼까요? 우리 힘으로는 안 됩니다. 사단보다 더 센 분이신 예수를 모셔 들이면 됩니다. 그러면 사단은 이 일곱 마리 짐승들을 다 데리고 쫓겨납니다. 예수를 모셔 들여서 사단을 몰아낸 사람은 예수의 영향력이 영과 혼과 몸까지 확대됩니다. 이 사람 속에는 삼위일체 하나님이 좌정하시고 십자가의 사명을 감당합니다. 쫓겨난 사단은 호시탐탐 다시 들어오려고 틈을 노리며 재입성할 때는 일곱 배나 더 많은 더러운 짐승들을 데리고 들어옵니다. 더 악한 상태가 됩니다.

말씀, 기도, 찬양, 감사의 예배와 주일성수로 우리 영과 혼과 육을 언제나 예수가 다스리시도록 지킵시다. 이 땅에 사는 동안 천국 생활을 누리다가 죽어서도 하나님 나라에 갑시다.

| 함께 읽는 성경 말씀 |

로마서 1장 26~32절

26 이를 인하여 하나님께서 저희를 부끄러운 욕심에 내어 버려 두셨으니 곧 저희 여인들도 순리대로 쓸 것을 바꾸어 역리로 쓰며

27 이와 같이 남자들도 순리대로 여인 쓰기를 버리고 서로 향하여 음욕이 불일 듯하매 남자가 남자로 더불어 부끄러운 일을 행하여 저희의 그릇됨에 상당한 보응을 그 자신에 받았느니라

28 또한 저희가 마음에 하나님 두기를 싫어하매 하나님께서 저희를 그 상실한 마음대로 내어 버려두사 합당치 못한 일을 하게 하셨으니

29 곧 모든 불의, 추악, 탐욕, 악의가 가득한 자요 시기, 살인, 분쟁, 사기, 악독이 가득한 자요 수군수군하는 자요

30 비방하는 자요 하나님의 미워하시는 자요 능욕하는 자요 교만한 자요 자랑하는 자요 악을 도모하는 자요 부모를 거역하는 자요

31 우매한 자요 배약하는 자요 무정한 자요 무자비한 자라

32 저희가 이 같은 일을 행하는 자는 사형에 해당하다고 하나님
의 정하심을 알고도 자기들만 행할 뿐 아니라 또한 그 일을 행
하는 자를 옳다 하느니라

| 마음을 여는 찬송 |

<세상에서 방황할 때>

1. 세상에서 방황할 때 나 주님을 몰랐네
내 맘대로 고집하며 온갖 죄를 저질렀네
예수여 이 죄인도 용서받을 수 있나요
벌레만도 못한 내가 용서받을 수 있나요

2. 많은 사람 찾아와서 나의 친구가 되어도
병든 몸과 상한 마음 위로받지 못했다오
예수여 이 죄인을 불쌍히 여겨주소서
의지할 것 없는 이 몸 위로받기 원합니다

3. 이 죄인의 애통함을 예수께서 들으셨네
못 자국 난 사랑의 손 나를 어루만지셨네
내 주여 이 죄인이 다시 눈물 흘립니다
오 내 주여 나 이제는 아무 걱정 없습니다

4. 내 모든 죄 무거운 짐 이젠 모두 다 벗었네
우리 주님 예수께서 나와 함께 계신다오
내 주여 이 죄인이 무한 감사드립니다
나의 몸과 영혼까지 주를 위해 바칩니다

| 귀 쫑긋하고 듣는 성경 말씀 |

1. 마음속에 사는 일곱 가지 짐승과 두목 사단

사람 속에는 무엇이 있을까요? 외과 의사에게 물으면 심장, 위, 간, 콩팥, 소장, 대장 등등이 들어있다고 대답하겠지요. 성경은 전혀 다르게 말합니다.

프랑스의 한 성경학자가 있었어요. 이 사람은 평생 성경을 연구했습니다. 어떻게 하면 사람들에게 성경을 쉽게 얘기해줄 수 있을까 고민하다가 그림을 그렸습니다. 특별히 로마서를요. 로마서의 안경을 통해 사람 속에 뭐가 있나 들여다보았어요. 성경의 영적 안경을 끼고 내시경으로 사람 속을 들여다보았더니 이런 그림이 나왔습니다.

첫 번째 그림입니다. 사람 속에 일곱 마리 짐승이 들어있네요. 이 짐승들이 실제로 들어있는 것이 아니라 이 짐승들이 표현하는 죄가 사람에게 있다는 것입니다.

첫째, 교만의 공작새입니다. 공작새는 가만있다가 누군가 다가가면 날개를 화려하게 펴고 뽐을 냅니다. 교만은 잘난 체하는 마음입니다. 우월감입니다. 사람은 다 교만과 우월감이라는 죄의 속성이 있습니다. 이 교만의 공작새가 여러분 안에서 쫓겨나기를 축원합니다.

둘째, 음란의 염소입니다. 사람에게는 다 음란의 피가 흐릅니다. 누구도 부인할 수 없어요. 성 어거스틴이란 사람이 있습니다. 앞에 성인을 뜻하는 “성” 자가 붙을 정도로 위대한 신앙인이었습니다. 하지만 주의 종으로 크게 쓰임 받던 어거스틴도 음란죄의 속성에 시달렸습니다. 한번은 여동생이 찾아왔어요. 그는 뒤돌아 말했습니다. “무슨 말인지 빨리하고 얼른 가.” 여동생이지만 혹시 자신의 음란끼가 발동될까 두려워서 한 말과 행동입니다. 음란한 염소도 여러분에게서 떠나가기를 축원합니다.

셋째, 욕심의 돼지입니다. 사람의 욕심은 끝이 없습니다. 20평 아파트를 살면서 40평 아파트를 원하고, 40평 살게 되면 70평을, 70평 살면서도 별장에 살고 싶어 합니다. 욕심부리는 사람에게 만족은 없습니다. 욕심에는 끝이 없습니다. 하나님이 주신 현실에서 만족해야 합니다. 어떤 조건이 갖춰지면 만족하겠다는 것은 불가능합니다. 현실에서 만족하는 분들이 되시기를 축원합니다. 입을 옷이 있고 머리 두고 누울 곳 있는 것을 감사하시기 바랍니다. 사람을 망치는 욕심의 돼지가 여러분 밖으로 쫓겨가기를 기도합니다.

넷째, 게으름의 거북이입니다. 일도 안 하면서 남이 일해 벌어 놓은 돈만 빌리러 다닙니다.

다섯째, 포학의 사자입니다. 말만 하면 싸우려 듭니다. 소리부터 지릅니다.

여섯째, 거짓말의 뱀입니다. 거짓말을 밥 먹듯 하는 사람의 고백을 들은 일이 있습니다. 자기는 아무리 거짓말하지 않으려 해도 거짓말이 그냥 나온다고 합니다. 모든 죄는 영의 문제여서 자기 맘대로 되지 않는 것임을 알 수 있습니다.

일곱째, 더러움의 개구리입니다.

이런 일곱 짐승이 상징하는 죄의 속성들이 사람 속에 살고 있습니다. 그리고 그 가운데 악한 원수 마귀가 딱 버티고 있습니다. 여러분 속에 이런 죄의 속성들이 있다는 것을 동의하십니까? 여기 보시면 눈이 하나 있는데 이게 바로 양심의 눈입니다. 우리 양심은 우리 속에 이런 죄의 속성들이 있는 것을 알고 있습니다. 여러분, 이 짐승들을 쫓아내기를 원하십니까? 쫓아내기 원하시면 아멘 하시기 바랍니다. 아멘. 따라서 합니다. "주여, 쫓아내 주시옵소서."

이 세상의 종교가들인 석가모니나 공자와 같은 사람들도 사람 속에 이런 죄의 속성들이 들어있다는 것까지는 발견했습니다. 그러나 쫓아내지는 못했습니다.

이 짐승들은 우리가 아무리 나가라고 해도 나가지 않습니다. 내보낼 수 있는 유일한 길은 가운데 있는 자를 바꾸는 것입니다. 마귀가 나가면 다 나갑니다. 마귀보다 더 센 분이 내 속에 오면 마귀는 물러갑니다. 그분은 바로 예수입니다. 예수만이 우리를 변화시키실 수 있습니다. 예수가 내 속에 오시면 이 모든 짐승을 밖으로 좇아내십니다. 우리 한 번 기도하고 가겠습니다.

"주님, 내 속에 있는 이 모든 것이 다 쫓겨나기를 원합니다. 이 모든 더러운 짐승들이 다 물러가기를 원합니다. 내 힘으로는 물리칠 힘이 없습니다. 예수님이 내 속에 오셔서 나를 변화시켜 주시옵소서." 주여~ 삼창하며 기도하겠습니다. 주여~ 주여~ 주여~

두 손 들고 찬양합니다. "예수는 우리를 깨끗케 하시는 주시니 그의 피 우리를 눈보다 더 희게 하셨네." 자, 저를 따라 해주십시오. "예수님, 내 속에 들어오셔서 예수님, 내 속에 좌정하셔서 어두움을 물리쳐주세요. 쫓아내 주세요. 악령을 결박하여 주세요. 예수님 이름으로 기도하옵나이다. 아멘." 모든 어둠이 물러갈지어다. 아멘.

1
영
성령
혼
육
2
영
성령
혼
육
3
4

5

6
30

성부
성자
삼위일체
성신
7

8

9

I
II
III
IV
V
VI
VII
VIII
IX
X
10

JESUS
11

12

2. 신앙생활은 해결과 변화입니다. 예수를 모시어 사단을 몰아냅시다.

신앙생활은 해결과 변화입니다. 종교는 아는 것까지 합니다. 그러나 기독교는 경험입니다. 현실입니다. 종교는 우리 속에 이런 죄의 속성들이 있다는 것을 알고 탄식하는 것에서 끝납니다. 종교가도 철학자도 이런 죄의 문제를 해결할 수 없습니다.

그러나 기독교는 종교가 아닙니다. 기독교를 종교로 보아서는 안 됩니다. 우리가 믿는 예수만이 인간 속에 있는 이 죄의 문제들을 해결하십니다.

첫 번째 그림을 봅시다. 성령의 불이 바깥에서 우리 속에 임하시려고 합니다. 천사들이 악한 짐승들을 쫓아내려고 밖에서 대기하고 있습니다.

두 번째와 세 번째 그림을 봅시다. 우리가 기도하고 하나님께 매어 달리면 성령의 빛이 우리 속에 들어오셔서 우리 영을 차지하고 있던 마귀를 몰아냅니다. 그뿐 아니라 우리 혼 바깥으로 그리고 우리 육 바깥으로 점점 악한 짐승들을 쫓아냅니다.

네 번째 그림을 보십시오. 예수님이 들어오심과 동시에 이 모든 짐승은 바깥으로 튀어 나가려고 합니다. 악한 짐승들이 튀어

나가려고 바깥을 향하고 있습니다. 이런 일이 오늘 이 자리에서 일어나야 합니다. 짐승들이 물러나가기를 원하십니까?

여러분이 앉아 있는 이 자리는 신비한 자리입니다. 기독교는 종교가 아닙니다. '내 속에 저런 짐승들이 있다' 확인하는 것까지가 종교입니다. 그러나 기독교는 종교가 아닙니다. 해결입니다. 예수가 내 속에 들어오셔서 바로 이 짐승들을 쫓아내십니다. 교회가 이렇게 좋은 곳입니다. 교회는 종교의식을 행하는 곳이 아니고 변화가 실제 일어나는 곳입니다. 변화되는 장소입니다.

다섯 번째 그림을 보십시요. 악한 짐승들이 다 물러갔습니다. 천군천사가 내 속에 들어왔습니다. 비둘기 같은 성령이 내 속 전체를 다스리고 계십니다. 오늘 우리 각자가 다 이렇게 깨끗하게 청소합시다. 청소하고 갑시다. 한 마리 짐승도 남김없이 모든 짐승이 다 나가야 합니다. 두 손 높이 들고 찬양합니다. "예수여 이 죄인도 용서받을 수 있나요 벌레만도 못한 내가 용서받을 수 있나요. 예수여 이 죄인을 불쌍히 여겨 주소서 의지할 것 없는 이 몸 위로받기 원합니다." 아멘 깨끗하기를 바랍니다. 우리는 주님 보시기에 이렇게 완전히 변화되어야 합니다.

여섯 번째 그림입니다. 변화된 사람은 십자가가 가운데 있습니다. 사명 감당하며 삽니다. 교회에 오시면 기도 생활하고 천사의 보호를 받으며 십자가의 사명을 감당하며 삽니다. 사명을 위해서 삽니다. 예수를 믿지 않는 사람들을 전도합니다.

3. 이 땅에서 마음속에 삼위일체 하나님 모시고 천국 생활하다가 죽어서도 하늘나라 갑시다.

일곱 번째 그림입니다. 이제는 삼위일체 하나님이 우리 속에 좌정하셨습니다. 마귀는 쫓겨나서 울며 이를 갑니다. 다시 들어갈 길 없나 마귀가 틈을 노리고 있습니다. '기도를 안 해야, 교회를 안 다녀야 다시 들어갈 텐데' 하면서 이를 갈고 있습니다. 삼위일체 하나님이 좌정하고 계시는 사람은 포도나무 열매같이 성령의 열매를 주렁주렁 맺습니다. 사철에 봄바람이 불어 이어지는 천국 생활을 합니다. 우리 찬양하겠습니다.

찬송가 305장 <사철에 봄바람 불어 잇고>

1. 사철에 봄바람 불어 잇고
하나님 아버지 모셨으니
믿음의 반석도 든든하다
우리집 즐거운 동산이라

(후렴) 고마와라 임마누엘 예수만 섬기는 우리집
고마와라 임마누엘 복되고 즐거운 하루하루

2. 어버이 우리를 고이시고

동기들 사랑에 뭉쳐있고
기쁨과 설움도 같이 하니
한 간의 초가도 천국이라

3. 아침과 저녁에 수고하여
다 같이 일하는 온 식구가
한 상에 둘러서 먹고 마셔
여기가 우리의 낙원이라

다 이렇게 되기를 바랍니다. 삼위일체 하나님이 사람 속에 좌정하시고 모든 짐승이 다 쫓겨났습니다. 사람이 교회 오면 변화가 되어야 합니다. 이렇게 사철에 봄바람이 불어 잇는 영적인 사람이 되어야 합니다.

예수님이 말씀하시기를 "네 속에 살다가 쫓겨난 더러운 영이 다른 데로 들어가려다가 찾지 못하면 다시 살던 곳으로 온다."고 하셨습니다. "혼자 오는 것이 아니라 일곱 마리를 더 데리고 온다."고 하셨습니다. 예수 믿다 타락한 사람은 예수 안 믿는 사람보다 훨씬 더 악합니다. 우리는 그렇게 되지 않도록 스스로 자신을 지켜야 합니다. 옆 사람 손 잡고 말합시다. "지킵시다." "확실히 지킵시다." 〈주와 같이 길 가는 것〉 부르겠습니다. 우리는 확실히 지켜야 합니다.

| 결단의 찬송 |

찬송가 456장 <주와 같이 길 가는 것>

1. 주와 같이 길 가는 것 즐거운 일 아닌가
우리 주님 걸어가신 발자취를 밟겠네

(후렴) 한 걸음 한 걸음 주 예수와 함께
날마다 날마다 우리는 걷겠네

2. 어린아이 같은 우리 미련하고 약하나
주의 손에 이끌리어 생명길로 가겠네

3. 꽃이 피는 들판이나 험한 골짜기라도
주가 인도하는 대로 주와 같이 가겠네

4. 옛날 선지 에녹같이 우리들도 천국에
들려 올라갈 때까지 주와 같이 걷겠네

<주님의 손길>

1. 주님의 손길 생명빛 되네 눈먼 자 광명 찾았네
놀라운 손길 날 위로하네 빛으로 인도해
놀라운 은혜 나에게 주사 새 생명 받았네
놀라운 손길 나 찬양하네 영원토록 찬양해
오 주 그 놀라운 주 손길 오 주 은혜로운 주 손길

(후렴) 놀라운 은혜 나에게 주사 새 생명 받았네
놀라운 손길 나 찬양하네 영원토록 찬양해

2. 주님의 말씀 능력이 되네 믿는 자 치료 받았네
놀라운 말씀 날 치료하네 빛으로 인도해
놀라운 은혜 나에게 주사 새 생명 받았네
놀라운 손길 나 찬양하네 영원토록 찬양해
오 주 그 놀라운 주 말씀 오 주 은혜로운 주 말씀

3. 주님의 보혈 속죄가 되네 갇힌 자 해방 되었네
놀라운 보혈 날 구원하네 빛으로 인도해
놀라운 은혜 나에게 주사 새 생명 받았네
놀라운 손길 나 찬양하네 영원토록 찬양해
오 주 그 놀라운 주 보혈 오 주 은혜로운 주 보혈

아멘, 할렐루야. 여덟 번째 그림을 보시면, 어! 세상에 뭔 사고가 났네요. 나갔던 놈들이 다시 들어오려고 합니다. 왜 그런가요? 교회 다니다가 주일예배를 한 번 빠졌습니다. 영계의 현미경으로 보면 주일예배 한 번 빠지는 것이 보통 일이 아닙니다.

이 짐승들이 여러분 속에 다시 들어오기 원하시나요? 그런데 왜 빠집니까? 피치 못할 사정이 있다고 합리화하며 주일예배 한 번 빠져보세요. 그다음 주에는 그보다 더 빠져야 할 이유가 생깁니다. 그러나 우리는 이겨야 합니다. 못 이기면 이 더러운 짐승들이 살살 다시 들어옵니다.

아홉 번째 그림을 보세요. 마귀 대장이 다시 제자리에 들어갔습니다. 여러분 가운데는 이런 사람이 한 사람도 없기를 바랍니다. 옛날 상태보다 더 심해졌습니다. 더러운 짐승들이 다 들어오고 더 잔뜩 들어왔습니다. 이런 사람들은 전도해도 듣지 않습니다. 이런 죄 가운데 다시 빠지는 것은 비극입니다. 이런 일이 절대 있으면 안 됩니다.

이런 상태에 있는 사람이 죽으면 어떻게 될까요? 열 번째 그림을 보세요. 경고도 없이 예고도 없이 어느 날 갑자기 사망의 그림자가 덮칩니다. 육체에서 영혼이 빠져나오면 악한 원수 마귀 사단이 "가자! 너의 갈 곳이 있다." 하면서 그 영혼을 시커먼 지옥으로 끌고 갑니다. 이런 상태에서 죽으면 안 됩니다.

교회를 오래 다니고도 사람들은 천국 지옥을 믿지 않습니다. 교회를 왜 다니나요? 마음의 평안을 얻기 위해서요? 병 고침 받기 위해서요? 안됩니다, 그런 거는. 교회 다니는 이유는 구원받기 위해서입니다. 제1 목적이 천국 가기 위해서입니다.

열한 번째 그림을 봅시다. 이제 우리는 예수 그리스도를 중심에 두고 교회에서 신앙생활 잘하고 하나님 말씀 위에 서서 악한 영들을 내어 쫓고 다시는 못 들어오도록 방어를 합니다.

열두 번째 그림 보세요. 이런 사람이 죽으면 천사가 옵니다. 천사의 손에 받들려 하나님 나라에 갑니다.

사람이 죽을 때는 동시에 마귀도 오고 천사도 옵니다. 예수 잘 믿는 사람이 죽을 때도 마귀도 옵니다. 이 사람은 천사의 손에 받들려 하나님 나라에 갑니다. 마귀는 분해서 벌벌 떱니다. 그러나 손은 못 댑니다.

반대로 예수 안 믿는 사람이 죽을 때도 천사도 옵니다. 이 사람은 마귀가 잡아 지옥으로 데리고 가는데 천사가 손을 못 댑니다. 슬픈 빛을 띠고 쳐다만 봅니다. 왜요? 예수 그리스도로 인해서 속죄함의 피 흘림이 없었기 때문에 죄 용서함을 못 받으니까 그냥 본능적으로 끌려가는 것입니다.

우리도 죽을 때 이런 일이 일어나야 합니다. 성경을 가슴에 안고 하나님 나라 노래 부르며 하나님 앞에 가야 합니다. 한 번밖에 살 수 없는 세상입니다. 영적 세계에서 일어나는 일들을 잘 깨닫고 살아야 합니다.

"하나님, 우리 속에 있는 악령들이 다 물러가기 원합니다. 더러운 것들이 다 쫓겨나기 원합니다." 주여~ 삼창하며 기도합니다. 주여~ 주여~ 주여~

| 담임 목회자의 마무리기도 |

살아계신 예수님, 감사합니다. ○○○○교회 모든 성도들 한 사람도 빠짐없이 다 구원시켜주시고, 악한 영들이 다 쫓겨나게 하여 주시고, 돼지도, 염소도, 뱀새끼도, 사자도, 공작새도, 개구리도, 거북이도, 더러운 영들은 다 빠져나가게 하여 주시고 예수님, 우리 속에서 왕 노릇 하여 주세요. 예수님 이름으로 기도드립니다. 아멘.

| 암송할 성경 말씀 |

그 때에 너희가 그 가운데서 행하여 이 세상 풍속을 좇고 공중의 권세 잡은 자를 따랐으니 곧 지금 불순종의 아들들 가운데서 역사하는 영이라 (에베소서 2장 2절)

| 질문을 통한 적용과 다짐 |

1. 오늘 들은 말씀의 제목이 무엇이었나요?

---

2. (　　) 안을 채우면서 오늘 말씀의 요점을 정리해봅시다.

(1) 사람 속에는 교만, 음란, 욕심, 게으름, 포학, 거짓말, 더러움의 (　　)들을 이끄는 (　　)이 살고 있다.

(2) 신앙생활은 해결과 변화이다. (　　)를 모시어 (　　)을 몰아내자.

(3) 마음속에 삼위일체 (　　)을 모시고 천국 생활하다가 죽어서도 (　　) 가자.

3. (　　) 안을 채워 읽으며 기도합시다.

하나님, 우리 속에 있는 악령들이 다 물러가기 원합니다. 더러운 짐승들이 다 쫓겨가기 원합니다. (　　)이 내 속에 오셔서 나를 변화시켜 주세요. 천국 가는 그날까지 길이 보호해주세요. 예수님 이름으로 기도합니다. 아멘.

성경을 어떻게 읽어야 할까요?
초신자에게 드리는 권면의 말씀

사랑하는 초신자 여러분, 인생 최고의 만남인 예수님을 만나신 것을 축하합니다. 예수와의 만남이 인생 최고의 만남입니다. 우주 만물과 여러분을 창조하신 하나님은 살아계십니다. 우리 구주 예수 그리스도는 나를 위해 이 땅에 탄생하셨고, 고난받으셨고, 십자가에 죽으셨고, 부활하셨고, 승천하셨고, 장차 재림하셔서 천년왕국을 이루실 것입니다. 이 예수님을 우리 마음의 왕좌에 모시고 예수님의 수종자로 살아갈 때 후회함이 없는 삶을 누릴 수 있습니다. 인간은 죽으면 끝이 아닙니다. 우리의 영은 반드시 천국 아니면 지옥에 갑니다. 예수 보혈의 백신만이 뼛속까지 체질화된 사단의 바이러스, 죄와 사망에서 우리를 벗어나게 합니다. 우리 마음속에 예수를 모시고 사단을 몰아냅시다. 그리하여 이 땅에서 삼위일체 하나님 모시고 천국 생활하다가 죽어서도 하늘나라 가는 여러분이 되시기를 주님의 이름으로 축복하며 기도합니다.

지금까지 우리가 함께 공부한 이 모든 이야기가 바로 성경에 기록되어 있습니다. 성경은 우리를 죽기까지 사랑하신 구세주의 사랑 이야기입니다. 이제 성경을 읽는 법을 말씀드리겠습니다.

첫째, 성경은 요한복음부터 읽으시기를 바랍니다. 요한복음 1장에 나오는 말씀은 말이 아니고 존재의 제1 원인을 말합니다. 다른 말로 예수님을 말하는 것입니다. 요한복음 1장을 읽으실 때 '말씀'을 '예수님'으로 바꿔서 읽으십시오. 그 후에 창세기 1장부터 읽으십시오. 이것이 성경을 읽는 순서입니다.

처음 성경을 읽는 사람들은 아무리 여러 번 읽어도 성경을 이해할 수 없습니다. 성경은 하나님의 성령의 감동으로 기록된 책입니다. 구약성경의 모세오경(창세기, 출애굽기, 레위기, 민수기, 신명기)은 모세가 시내산에 올라가서 신비한 가운데 기록한 성경입니다. 신약의 핵심인 바울서신 13권(로마서~히브리서 전까지)도 성령의 감동으로 기록된 책입니다.

성경의 주제는 구약도, 신약도 그리스도가 주제입니다.

"너희가 성경에서 영생을 얻는 줄 생각하고 성경을 상고하거니와 이 성경이 곧 내게 대하여 증거하는 것이로다." (요한복음 5장 39절)

사도 바울도 셋째 하늘에 끌려 올라가서 바울서신을 기록했기 때문에 주제는 동일합니다. 구약의 창세기부터 신약의 요한계시록까지 모든 주제는 그리스도가 주제입니다. 구약성경은 어린 양으로 기록되었고, 이것이 곧 그리스도를 말하는 것입니다.

신약도 그리스도가 주제입니다.

성경은 정치, 경제, 사회, 군사, 외교, 문화, 교육, 언론을 비롯한 모든 것들이 기록되어 있으나, 많은 사람이 자기의 관심 있는 부분만 성경을 읽습니다. 그러나 그리스도를 놓치면 성경은 읽으나 마나 한 책입니다.

성경을 많이 읽는 사람은 역사적으로 시대적으로 정점을 찍었습니다. 조지 워싱턴, 아담스, 토마스 재퍼슨, 에이브러햄 링컨의 대표 워딩(wording) "국민에 의한, 국민을 위한, 국민의 정치"가 골로새서 1장 17절에서 나온 말입니다. 베토벤, 슈바이처, 미켈란젤로, 에디슨 그리고 화란의 신학자요 목사요 건국자인 아브라함 카이퍼와 같은 사람들의 공통점은 성경에 심취하여 살았다는 것입니다.

이처럼 신구약의 모든 성경은 주제가 예수 그리스도입니다. 성경을 더 확대하면, 복음의 7대 연합입니다.

복음의 7대 연합 중에 첫째 연합은 탄생의 연합입니다. 예수 그리스도가 이 땅에 오셔서 사람으로 탄생했습니다. 그 탄생을 기적이라고 합니다. 예수 그리스도가 사람으로 이 땅에 오신 것을 믿는 것은 사람의 능력이 아니라 성령의 도움이십니다. 예수님이 사람으로 이 땅에 오신 것이 기적인 것처럼 그것을 믿는 것도 동일한 기적입니다. 그것을 탄생의 연합이라고 합니다.

둘째로, 고난의 연합입니다. 예수 그리스도가 이 땅에 오셔서 33년 반을 살면서 고난의 삶을 살았습니다. 이것 역시 사람의 이성으로 이해되는 것이 아니라 하나님의 성령이 믿게 하는 것입니다. 그것이 고난의 연합이라고 합니다.

셋째로, 예수님이 십자가에 못 박혀 돌아가셨습니다. 이것을 죽음의 연합이라고 합니다.

넷째로, 예수님이 죽음 가운데서 부활하셨습니다. 세계적인 역사학자 아놀드 토인비는 예수님의 부활을 역사적으로 증명할 수 있다고 말하고 있습니다. 이것이 부활의 연합입니다.

다섯째로, 승천의 연합입니다. 예수님께서 33년 반을 사시다가 감람산에서 500명의 제자를 모아놓고 하늘로 승천하셨습니다. 지금 예수님은 하나님 보좌 우편에서 성도들을 위하여 중보기도하고 계십니다. 이것을 승천의 연합이라고 합니다.

여섯째로, 재림의 연합입니다. 예수 그리스도는 반드시 재림하십니다. 에이 아이(AI)에게 성경 입력을 다 해놓고 그리스도의 재림이 가능할 것이냐고 물었더니 예수님은 반드시 재림한다고 대답하고 있습니다. 예수님의 재림을 믿는 것이, 그것이 곧 기독교인입니다.

그리고 천년왕국의 연합입니다. 예수님이 이 땅에 재림하시면 천년왕국을 이룰 것입니다. 그것은 요한계시록 20장에 기록이 되어있습니다. 천 년 동안 이 세상은 아담과 하와가 선악과를 따 먹기 전의 상태로 돌아갈 것입니다. 그것을 천년왕국의 연합이라고 합니다.

이 7가지 연합을 믿는 것을 기독교인이라고 합니다. 얼마나 이 땅에 가짜 기독교인들이 많이 있는 줄 알아야 합니다. 복음의 7대 연합을 온전히 믿지 않는 사람들은, 그것은 가짜 기독교인들입니다.

구세주의 사랑 이야기, 성경은 여러분과 저를 키우는 생명의 양식입니다. 위에서 말씀드린 저의 안내를 따라 성경 말씀을 읽으며 우리 생의 목자이신 예수 안에서 영과 혼과 육의 풍성한 열매를 맺는 여러분의 복된 인생을 축복하며 기도합니다.

정답

제1과

복된 만남

1. 복된 만남
2. (1) 만남 (2) 하나님 (3) 예수
3. 예수

제2과

살아계신 하나님

1. 살아계신 하나님
2. (1) 우주 (2) 마음 (3) 성경
3. 하나님

제3과

예수 그리스도는 누구신가

1. 예수 그리스도는 누구신가
2. (1) 전에 (2) 하나님 (3) 성령 (4) 십자가 (5) 부활 (6) 승천 (7) 재림, 천년
3. 예수님

제4과

이성의 불완전

1. 이성의 불완전
2. (1) 이성 (2) 예수, 수종자 (3) 예수
3. 이성, 예수님

제5과

인간이란 무엇인가

1. 인간이란 무엇인가
2. (1) 영 (2) 천국, 지옥 (3) 영
3. 영, 천국

제6과

죄란 무엇인가

1. 죄란 무엇인가
2. (1) 죄 (2) 보혈 (3) 감사
3. 보혈, 십자가

제7과

사람 속에는 무엇이 살고 있는가

1. 사람 속에는 무엇이 살고 있는가
2. (1) 죄, 사단 (2) 예수, 사단 (3) 하나님, 하늘나라
3. 예수님

잔치로의 초대

초판 발행 2025년 12월 29일
2쇄 발행 2026년 2월 2일

설교 전광훈
구성·편집 류금주
펴낸곳 주식회사 뉴퓨리턴

주소 서울특별시 성북구 장위로 40다길 19, 1층 106호(장위동)
대표전화 070-7432-6248
팩스 02-6280-6314
출판등록 제25100-2023-043호
이메일 info@newpuritan.kr

ISBN 979-11-24200-01-8(03230)